キャリア教育に活きる！

センパイに
聞く

仕事ファイル

29

感染症
の仕事

感染症研究員
PCR検査試薬研究開発
福祉アート
プロダクトプランナー
アプリニュース編集者
感染対策商品研究
行政保健師

小峰書店

小峰書店 編集部 編著

㉙ 感染症の仕事

Contents

File No.163

感染症研究員 .... ④

佐野 芳さん／国立感染症研究所

File No.164

PCR検査試薬研究開発 ⑩

道渕真史さん／東洋紡

File No.165

福祉アート
プロダクトプランナー .... ⑯

西野彩紀さん／ヘラルボニー

File No.166

アプリニュース編集者 ㉒

濱川太一さん／JX通信社

キャリア教育に活きる！ **仕事ファイル**

File No.167

感染対策商品研究
（かんせんたいさくしょうひんけんきゅう）

天羽仁美さん／サラヤ
（あもうひとみ）

28

File No.168

行政保健師
（ぎょうせいほけんし）

大沼暢乃さん／埼玉県朝霞保健所
（おおぬまのんの）（さいたまけんあさかほけんじょ）

34

仕事のつながりがわかる
感染症の仕事 関連マップ
（かんせんしょう）

40

これからのキャリア教育に必要な視点 29
感染症によって変わった世界
（してん）
（かんせんしょう）

42

さくいん

44

※この本に掲載している情報は、2021年4月現在のものです。
（けいさい）（じょうほう）（げんざい）

感染症研究員

Infectious Disease Researcher

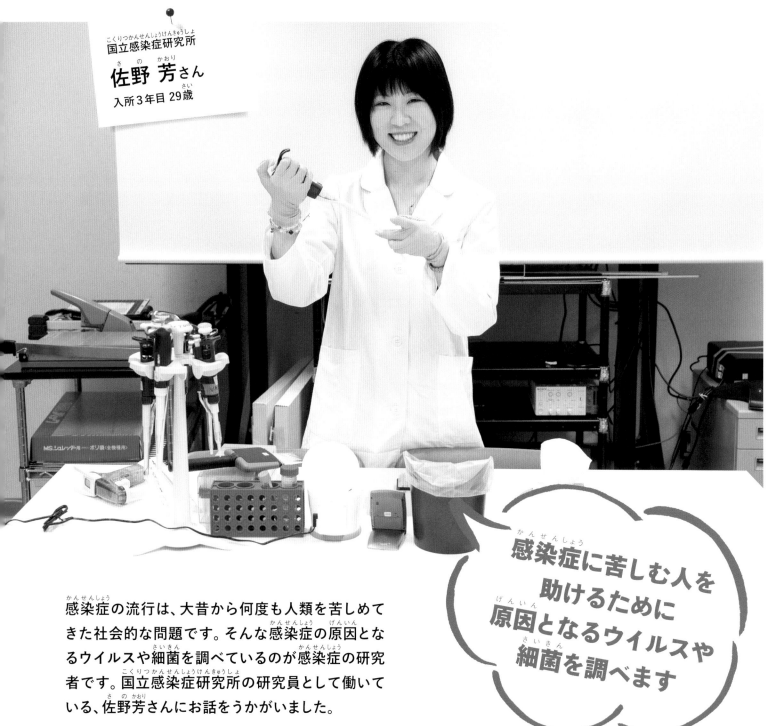

国立感染症研究所
佐野 芳さん
入所3年目 29歳

感染症に苦しむ人を
助けるために
原因となるウイルスや
細菌を調べます

感染症の流行は、大昔から何度も人類を苦しめてきた社会的な問題です。そんな感染症の原因となるウイルスや細菌を調べているのが感染症の研究者です。国立感染症研究所の研究員として働いている、佐野芳さんにお話をうかがいました。

※ 写真は、実験風景のイメージです。

Q 感染症研究員とは どんな仕事ですか？

ウイルスや細菌などの病原体が、人の体内で増えることを「感染」といい、感染後に発症する病気のことを「感染症」といいます。私が働いている国立感染症研究所は、厚生労働省のもとで研究を行う組織です。日本で流行するさまざまな感染症について、流行の拡大をおさえ、予防や治療をするために研究が行われています。

私は、国立感染症研究所の「感染病理部」で研究員として働いています。病気を引き起こすウイルスや細菌などに感染すると、人や動物の体にどのような変化や反応が起きるのかを明らかにするのが、私の仕事です。また、感染症の予防に使われる、効果が高く安全な「ワクチン」を開発するための研究も行っています。

研究は、まず、感染患者さんや動物から、唾液や血液などを採取します。そこから、細胞や病原体を取り出し、人や動物の体内と同じような環境のなかで、どう変化するか調べています。人の体は、同じように見えても、年齢や生活習慣によってそれぞれちがいます。そのため、体内がどんな環境だと、病原体に感染した細胞が増えていくのかを調べるのです。また、どの段階でワクチンを打つと病原体が増えず、効果があるのかも調べています。

実験や研究によってわかったことは、論文にまとめて発表します。また、研究者が集まる学会で発表することもあります。このように研究結果を世の中の人に伝えることも、研究員の仕事です。

実験の準備をする佐野さん。実験は、使う道具に問題がないか必ず確認をしてから行う。

Q どんなところが やりがいなのですか？

研究によって新しい事実がわかったときはとてもうれしく、興奮します。そして、自分の研究が、感染症で苦しむ世界中の人たちの助けになるかもしれないと思うと、大きな喜びと、やりがいを感じます。

また、研究は、これまでの研究者たちが積み上げてきた数多くの発見をもとに成り立つものです。時代や国境をこえ、たくさんの研究者たちとのつながりを感じられるのも、この仕事の醍醐味だと思います。

1日の最後には、その日の実験内容を実験ノートに記録。結果だけでなく、途中経過も、研究の大切な情報源となるため必ず残す。

佐野さんのある1日

09:30	出勤。メールのチェックをする
10:00	同じ研究室の研究員と、実験内容を確認してから、実験開始
12:00	ランチ
13:00	実験
16:30	各地にいる研究者とリモート会議。パソコンのビデオ通話機能を使って研究の情報交換を行う
17:30	実験データの整理と解析を行い実験ノートに記入
19:00	夕食をとりながら、メールのチェック
20:00	翌日の実験の計画を立て、準備
21:00	いっしょに研究を行い、指導している大学院生の実験ノートのチェック
21:30	メールのチェックをして、退勤

Q 仕事をする上で、大事にしていることは何ですか?

自分の限界を決めず、何にでも勇気をもってチャレンジすることです。

研究の世界では、毎日ものすごい速さで情報が更新されています。自分の研究に関わる新しい実験結果や情報がほかの研究グループから発表されたら、自分の考え方も改めなければいけません。正しいと思っていた考え方を変えるのはとても勇気のいることです。しかし、そこでにげてしまったら、世の中のためになる大発見をのがしてしまうかもしれません。研究結果を必要としている多くの人のため、そして自分自身の成長のために、新しい一歩を踏み出す勇気は失わないようにしています。

研究論文がのっている雑誌を読む佐野さん。意味のある実験をするためにも、つねに新しい情報を得ることが大切。

Q 今までにどんな仕事をしましたか?

大学院生のころから、私は、国立感染症研究所で研究をさせてもらっていました。そのときの研究は、ワクチンを接種した後に体内でつくられる「抗体※」に関わる研究です。例えば、冬になると流行するインフルエンザでは、より効果の高いワクチンの開発を目指して、さまざまな新しい種類のワクチンの研究が進められています。私はワクチンによってつくられる抗体のちがいや特徴を調べました。

現在は中国や韓国、日本といった東アジア地域で発生している「重症熱性血小板減少症候群(SFTS)」という感染症について、おもに研究しています。そのほか、2019年末に中国で報告された新型コロナウイルス感染症(COVID-19)の調査にもたずさわっています。

● 実験器具

● 実験ノート

PICKUP ITEM

ふだんの実験を行う上で必要不可欠な実験器具。ピペットと呼ばれるスポイトのような器具(右上)をはじめ、ティッシュやごみ箱も実験専用のものを使う。実験ノートには、その日の実験内容や観察記録をだれが見てもわかるようにくわしく記すことが重要。

Q なぜこの仕事を目指したのですか?

私は、大学で獣医学を専門に勉強していました。ある日受けた授業で、世の中で流行している感染症の多くが動物に由来することを知り、とてもおどろきました。そして、感染症の流行という大きな社会問題に、動物のことをよく知っている獣医師の立場から取り組んでみたいと思うようになったのです。

その後、獣医師の国家資格をとった私は、「感染の対策に関わる仕事」をいろいろと考えました。病院で患者さんの治療をする仕事、薬をつくる仕事、感染を広げないために法律を考える行政の仕事などです。たくさんある仕事のなかで、私は研究者の道を選びました。治療する場合も、薬をつくる場合も、研究によってわかったことをもとに行われるため、感染対策の根幹に関われると思ったからです。

用語 ※ 抗体 ⇒ 体内に侵入した細菌やウイルスなどを排除するために、生体でつくられるタンパク質「免疫グロブリン」の総称。一度つくられると長く体内に残るため、過去に感染したことがあるかを示すサインとしても利用される。

Q 仕事をする上で、難しいと感じる部分はどこですか？

どんなことにも、すべてにきちんとした根拠を示して研究を進めていかないといけないところです。

例えば、初めの実験でAという事実がわかったとします。そこで、事実Aを使って、次は、結果がBになるだろうと予測される実験をします。ところが、Cというちがう結果になりました。理論上はBになるはずだった結果がCになったのは、Cが真実だからなのか、実験が失敗したからなのか、それとも、ときどきおこる例外なのか、今度はそれを調べなければいけません。そしてもし、Cが真実だとわかったら、理論のどこにまちがいがあったのか調べる必要も出てきます。

思うように研究が進まないととてもつらいです。しかし、のりこえた先に大きな発見があるかもしれないと、希望をもって目の前の課題に取り組むようにしています。

Q ふだんの生活で気をつけていることはありますか？

ニュースや新聞はできるだけチェックするようにしています。そして少しでも気になることがあったら、すぐに調べるようにしています。研究には関係なさそうなことであっても、知識の引き出しを増やしておくと、意外な場面で役に立つことがあるからです。

また、世界各国の政治や経済、文化にもふだんから目を向け、その上で、感染症の流行拡大を阻止する手段を、研究者の立場から考えるようにしています。

Q これからどんな仕事をしていきたいですか？

研究者としてさらに成長するために、目の前にある研究を大切に行い、研究に必要な知識や技術、経験をもっと増やしていきたいです。

ベテランの研究者になると、ウイルスに感染した細胞と感染していない細胞を、ひと目見ただけでわかるようになります。豊富な経験と知識から見分けるポイントがわかり、微妙な変化に気づくことができるのです。今の私にはまだ、調べないとわかりません。同じように、「この実験はまちがった方向に進んでいるのではないか」と直感が働いたり、経験を用いた仮説を立てられるのも、ベテランの研究者たちです。私もその域に達することができるように、研究を積み重ねていきたいと思っています。

そして将来的には、自分にしかできないような研究テーマを主導して、感染症の制御に役に立つ成果を出すことができたらうれしいです。

佐野さんの上司であるベテラン研究員と佐野さん。「尊敬する上司や先輩の経験や知識に、いつも助けられています」

感染症研究員になるには……

感染症の研究を行うには、動物や植物、微生物などあらゆる生きものの体のつくりや、機能の構造についての知識が必要です。大学は医学部や獣医学部など生物学を学べる学部に進むとよいでしょう。基礎的な知識を得た後は、人や動物とウイルスの関係など、感染症を研究テーマにした大学院の研究室に入ることをおすすめします。研究を通して感染症の問題に取り組みましょう。

```
高校
  ↓
大学（医学・獣医学・生物学系）
  ↓              ↓
大学院（医学・獣医学・生物学系）
  ↓              ↓
研究機関などで、感染症の研究者として活躍
```

※ この本では、大学に短期大学もふくめています。

Q この仕事をするには どんな力が必要ですか？

社会の仕組みや地球環境の変化により、人と未知の病原体との接触機会も増え、それによって新しい感染症も生まれてきます。感染症の研究者は、人類の命を危険にさらす病原体とたたかい続けなければなりません。そのためには、どんな困難にも負けない不屈の精神が必要です。

また、国立感染症研究所は国の機関なので、研究資金の多くは国民の税金です。大切なお金を研究成果で社会に還元するのだという、強い責任感も必要だと思います。

感染症に取り組む研究者が集まる学会でのようす。佐野さんも、研究成果をほかの研究員に説明する。

佐野さんの夢ルート

小学校 ▶ 獣医師

動物が好きだったから。

▼

中学校 ▶ パティシエ

一時期、料理にはまり、デザートをつくるパティシエに興味をもった。

▼

高校 ▶ 生物の研究者

NHKの教育番組『サイエンスZERO』を観て、登場する研究者の姿にあこがれた。ただ、具体的な仕事内容がわからず、大学は獣医学部を志望することにした。

▼

大学 ▶ 感染症を制御する仕事

授業で感染症が動物に由来することを知り、獣医師としてウイルスや細菌を研究することに。

▼

大学院 ▶ 感染症問題の研究者

感染症をおさえるための研究をしたいと思うようになった。

Q 中学生のとき どんな子どもでしたか？

中学生時代は、まわりにいる優秀な友だちと自分を比較して「このままでは、だめだ」とあせってばかりいました。自分が足りないところ見つけては、それを埋めるために、必死になっていました。

そのひとつが部活です。私は卓球部だったのですが、本当は運動が得意ではなく、最初のうちは「やめたい」と何度も思いました。それでも、途中であきらめてはだめだと、必死に練習を続け、卒業までやり通しました。

勉強は、中学1年生のときは、ほぼ何もしていませんでした。勉強をすることの必要性が理解できなかったからです。そのため、教科によってはテストで学年最下位だったこともありました。しかし、中学2年生になったとき、何の特技もない自分だからこそ、勉強で将来の可能性を広げておかないと何もできないまま大人になってしまうと、あせるようになりました。そこからは、授業は集中して聞くようになり、授業の予習復習も欠かさず行い、成績も上がりました。

何かに追われるように、毎日必死に過ごしていたという中学時代の佐野さん。

卓球部で着ていたユニフォームとラケット。ラケットはぼろぼろになるまで使いこんだ。

Q 中学のときの職場体験はどこに行きましたか？

私の通った学校では、職場体験はありませんでした。その代わり、社会人として活躍している卒業生が何人か学校に来て話をしてくれる、講演がありました。

また「R-CAP」という学生向けの職業適性テストも受けました。テストの結果、私に向いている職業は、病院などで患者さんのリハビリを補助する理学療法士や作業療法士だということがわかりました。初めて聞く職業だったのでいろいろと調べ、「人のために働くすてきな仕事だな」と思ったことを覚えています。

Q この仕事を目指すなら今、何をすればいいですか？

物事をさまざまな角度から見て考える習慣をつけてほしいです。わかっているつもりのことも、角度を変えて見直すと、新たな疑問や発見があるものです。その答えや理由を調べるのが、研究者の基本になります。感染症の問題に取り組むのであれば、自分が受けた予防接種について調べてみることから始めるのもよいかもしれないですね。

また、本を読んで質のよい文章にたくさんふれてください。読解力や論理立てて考える力が身につき、論文を書くときに役立ちます。論文は英語で書かないといけないので、英語の勉強をしっかりやっておくことも大切だと思います。

Q 卒業生の講演を聞いてどんな印象をもちましたか？

学校は中高一貫教育の女子校だったので、講演に来てくれた方々も女性です。仕事の内容は覚えていないのですが、みなさんがとてもいきいきとしていて、仕事に誇りをもっていることが中学生の私にも伝わってきました。そして、自分の好きな分野でバリバリと仕事をこなす姿はかっこいいなと思いました。研究を仕事にしている人は、世界的に見ても女性が少ないのですが、このときの印象が残っていたので、「私にもできる」と自信をもつことができました。

感染症から人々を守るワクチンや治療薬をつくるために私の研究が必要なんです

－ 今できること －

ふだんの暮らし

研究者には、物事の本質を知りたいという探求心が必要です。幼い子どもが「なぜ？」「どうして？」と大人に聞くように、さまざまなことに関心をもち、疑問をもつようにしてみましょう。そしてわからないことは、わかるまで調べる姿勢を身につけましょう。

また、感染症に関する知識を深めることも重要です。どんな感染症があるのか調べ、それぞれの特徴を知りましょう。予防方法を学び、どうすれば人にうつさずにすむのか考えて行動することも大切です。

 国語 読書を通して、文章の要旨を的確にとらえる力をきたえましょう。また、自分の考えや研究結果を論文や学会発表で正しく伝えられるよう、表現力を養いましょう。

 数学 実験で得たデータは、論文や学術会議などで発表することがあります。数値をグラフ化する方法を学び、わかりやすく伝えられるようになりましょう。

 理科 動物や植物、微生物などの特徴を知り、人との関わりについて学びましょう。また、観察や実験からわかった結果の分析ができるようになりましょう。

 英語 研究結果の発表は、おもに英語で書いた論文か、英語によるスピーチで行うため、英語力は必須です。

PCR検査試薬研究開発

PCR Test Reagent Research and Development

東洋紡
道渕真史さん
入社4年目 28歳

感染症の原因となる
ウイルスや細菌を
発見する試薬を
つくっています

PCR検査は、遺伝子検査とも呼ばれ、感染症の原因となるウイルスや細菌に感染した遺伝子を見つけることができる検査方法です。この検査に使われる検査用の試薬（体外診断用医薬品）を研究開発している、道渕真史さんにお話を聞きました。

Q PCR検査試薬研究開発とは どんな仕事ですか?

PCR検査は、診察を受けにきた人が感染症にかかっているかどうか医師が判断するための、検査方法のひとつです。ぼくは、そのPCR検査をするときに必要な試薬を研究して、開発する仕事をしています。

検査では、検査対象者から唾液などの検体※を採取し、感染症を引き起こす原因のウイルスや細菌がふくまれているかどうか、試薬を使って調べます。ふくまれている場合は、試薬と反応して蛍光を発します。東洋紡では、PCR検査を自動で行うことができる「GENECUBE」という機械を販売しています。人の手で検査をすると数時間から数日かかってしまうところを、最短約30分で8検体を同時に検査することができる画期的な検査機です。ぼくは、このGENECUBE専用の試薬をつくっています。

新しい試薬をつくるときは、まず医師や患者さんから話を聞き、どんな感染症で悩んでいる人が多いのかを調査します。そして、どの感染症の検査に向けた試薬をつくるか決めます。その後、原因となるウイルスや細菌の特徴を理解するための研究を行い、検出できる試薬を、病院や大学の研究チームといっしょに、実験をくりかえしながらつくります。試薬ができたら、今度は実際の検体を用いて、ウイルスや細菌に正しく反応するかどうか調べる臨床試験を行います。臨床試験は慎重に行わないといけないため、1、2年かけてしっかり検証します。そして検出できることがきちんと証明できたら、厚生労働省に申請書を提出し、申請が認められると、ようやく検査用の試薬として使用することが可能になります。

このように、PCR検査試薬の研究開発は、新しい試薬を思いついてから、実際に使用されるようになるまでに3〜5年かかるため、とても根気のいる仕事です。

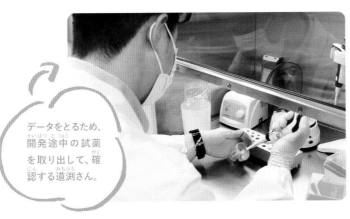

データをとるため、開発途中の試薬を取り出して、確認する道渕さん。

用語　※検体⇒唾液や血液など、検査や分析の材料となるもの。

Q どんなところが やりがいなのですか?

ぼくがつくった試薬が、医師が診断を下す助けになると思うと、大きなやりがいを感じます。

2019年末に広まった新型コロナウイルス感染症では、初めのころは検査に時間がかかってしまい、検査できる人数も限られていました。しかし、試薬の開発が進み、検査数が増えたことで、対策もとりやすくなったのではないかと思います。こうした、社会の役に立つ仕事にたずさわっていることに、ぼくは誇りをもっています。

試薬をつくるには、ウイルスや細菌についての最新の知識が必要。研究論文などを読み、情報を得ることが欠かせない。

道渕さんのある1日

08:00　出社

08:20　社員そろってのラジオ体操

08:30　実験の補助を行ってくれる技術員にその日の作業内容を指示

09:00　メールのチェック

10:00　共同で研究開発を行っている病院や大学の研究チームと打ち合わせ

11:30　ランチ

12:30　部署内でのミーティング。それぞれ担当する研究の状況を報告し合う

15:00　研究データの資料作成

16:00　その日の実験結果の確認と翌日行う実験の準備

17:30　退社

Q 仕事をする上で、大事にしていることは何ですか？

人の話を聞くときは、相手が経験したことであっても、自分の経験として吸収するつもりで、耳をかたむけるようにしています。研究開発の仕事は、思うような結果が出るまで実験のくりかえしです。今度こそできたと思っても、ねらった病原体に反応しなかったり、ほかの病原体にも反応してしまったりして、どうしたら先に進めるのかわからなくなることがあります。そんなとき、上司や先輩の体験談を、自分の知識としてもっていると、実験の参考になります。

積極的に人とコミュニケーションをとり、相手の話をよく聞いて、知識や経験を教えてもらうことが、困難をのりこえるヒントになると思います。

Q なぜこの仕事を目指したのですか？

医療系のテレビドラマが好きで、よく観ていた影響から、最初は医師になりたいと思いました。しかし、薬にも興味があったので、迷った末、大学は薬学部に進みました。

薬剤師の資格をとるためには、病院や薬局で実務実習を行う必要があります。実務実習に行ったぼくは、そこで病気に苦しむ多くの患者さんと出会い、この人たちのためにできる仕事をしたいと、真剣に思うようになりました。そして、医薬品の開発なら、患者さんの役に立つと考え、将来は製薬会社で働こうと思いました。

しかし、勉強を進めるうちに、医師が病気の診断をするための検査に使う薬品の開発の方に興味をもつようになりました。検査によって、医師が病気を早期に診断することができれば、患者さんが苦しむ期間も短くなるのではないかと思ったからです。そこで、検査試薬をつくっている会社を調べ、東洋紡に入社することを決めました。

道渕さんが働く東洋紡のバイオ研究所。ウイルスや細菌をあつかうことから、建物内に入れる人は研究員などに限られている。

Q 今までにどんな仕事をしましたか？

入社してすぐに腸管感染症（下痢などの症状をおこす感染症）を検査するための、試薬の研究開発チームに加わりました。試薬は、最後に厚生労働省に「薬事承認」を受けてようやく完成となります。薬事承認を受けるには、定められた手順で試薬の効果を証明し、実験結果のデータを提出しなければいけません。ぼくはその手順を学びながら行いました。この試薬は、2020年に薬事承認が下り、無事販売されました。ぼくの関わった初めての試薬となったため、とてもうれしかったです。

試薬開発の仕事には、すでに販売している試薬の精度をもっとよくするための研究開発もあります。ぼくは、非結核性抗酸菌症（菌が肺に入っておこる感染症）を発見するための試薬の改良を行いました。この仕事では、試薬の研究から販売までの一連の流れを学ぶことができました。試薬が実際の検査で使えるようになるまでには時間がかかるので、ひとつの仕事が終わってから次の仕事、というわけではなく、つねに2、3件の仕事をかかえています。

また、今は新型コロナウイルスを検査するための試薬の研究開発にも一部たずさわっています。新型コロナウイルスのように感染が急速に広まり、一刻を争う場合は、チームを組んで全員で協力しながら行っています。

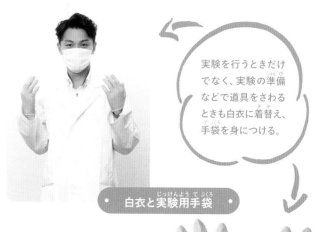

実験を行うときだけでなく、実験の準備などで道具をさわるときも白衣に着替え、手袋を身につける。

白衣と実験用手袋

PICKUP ITEM

実験用手袋は、使い捨てで1日に何枚も使用。感染防止の意味もあるが、自分自身がウイルスや細菌を実験室内に持ちこまないようにするのが最大の目的。

Q 仕事をする上で、難しいと感じる部分はどこですか？

PCR検査は、ほかの検査に比べて高い確率で正しい結果が得られます。しかし、時間がかかることと、費用が高いことが問題です。そのため、ぼくたち開発者には、すぐに結果がわかり、費用も安い試薬をつくることが求められるのですが、それは簡単なことではありません。

また、試薬ができたと思って確認しようとしたら、検査場所に持っていく間に試薬が劣化してしまって使うことができず、やり直しになることもありました。

このように、試薬の研究開発は本当に難しいですが、試行錯誤をくりかえしながら一歩一歩、進めています。

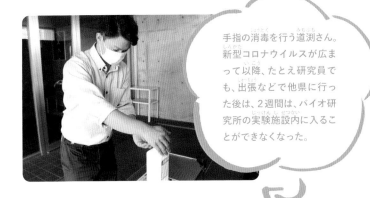

手指の消毒を行う道渕さん。新型コロナウイルスが広まって以降、たとえ研究員でも、出張などで他県に行った後は、2週間は、バイオ研究所の実験施設内に入ることができなくなった。

Q ふだんの生活で気をつけていることはありますか？

よい人間関係を築けるように、相手の気持ちを考えた発言や行動をとるように心がけています。また、人と人とのつながりは、何気ない世間話などから生まれるものだと思うので、周囲とのコミュニケーションは自分から積極的にとるようにしています。困っている人がいたら力になり、自分が行き詰まったときは「助けたい」と思ってもらえるような人間でありたいです。

研究開発の仕事は、うまくいかないことや困難がたくさんありますが、みんなで助け合ってのりこえています。助け合うことができるのは、人間関係がうまくいっている証拠だと思います。

Q これからどんな仕事をしていきたいですか？

現在は、自分が担当する研究開発だけに取り組んでいますが、将来的にはさまざまな研究開発をリーダーとしてまかされるようになりたいです。

また「この感染症だったら、東洋紡の試薬を使えば確実に検査できる」というような、会社の顔になる試薬を開発してみたいです。私ひとりの力では難しいかもしれませんが、会社のみんなと協力し合って実現できたらうれしいです。

実験のようすをスクリーンに映し出し、試薬開発の経過報告をする道渕さん。

PCR検査試薬の研究開発者になるには……

PCR検査試薬の開発者になるためには、化学や基礎的な医療の知識が必要です。薬学部や農学部のある大学へ進学して、遺伝子や分子の構造を理解しましょう。

卒業後は大学院へ進学し、自分の研究テーマについてさらに深く学ぶ人もいますが、より実践的に研究開発ができる企業へ就職して、活躍する人が多いようです。

高校
↓
大学（医療系学部、薬学部、農学部など）
↓
大学院
↓
PCR検査用の試薬を開発する会社に就職

Q この仕事をするには どんな力が必要ですか？

研究開発の仕事は、今世の中にないものや今よりもっとよいものを、研究してつくり上げ、人々に届けることです。そのため、新しい発見や新しい現象を「楽しい」「興味がある」と思える人だと、研究開発の仕事を楽しめると思います。反対に、いつもと同じであることに安心感を覚えたり、居心地のよさを感じる人には、向かない仕事かもしれません。

また、試薬が完成するまでには、長い時間がかかります。実験はうまくいかないことも多く、投げ出したくなることもありますが、自分の仕事が人のために役立つことを忘れず、最後までやりぬく力も必要だと思います。

大変な仕事ではありますが、報われたときの喜びは、何事にも代えがたい充実感になるので、達成感を味わいたい人にもおすすめしたいです。

道渕さんの夢ルート

小学校 ▶ プロ野球選手

少年野球チームに入っていたこともありプロ野球選手にあこがれた。

▼

中学校 ▶ 芸能人

人前に出ることが好きだったので歌手や俳優になりたいと思った。

▼

高校 ▶ 医師

医療系のテレビドラマが好きで、とくに『医龍』は欠かさず観ていた。

▼

大学 ▶ 薬剤師

患者さんとの関わり方など薬剤師になった後のことも考えていた。

Q 中学生のとき どんな子どもでしたか？

目立つことをするのが好きで、いつもクラスの中心にいたいと思うタイプでした。野球部に入っていたのですが、みんなから注目されたくて、文化祭のときには野球部の仲間でダンスを披露しました。

野球部の練習は毎日あり、練習づけの日々でした。いちばんつらかったのは、中学2年生のときに右手の親指を骨折してしまったことです。夏の大会に出場できるメンバーの発表直前だったのですが、骨折が原因で選ばれませんでした。くやしくて仕方がなかったので、翌年の春の大会には絶対に選ばれてみせると心にちかい、それまで以上に練習しました。おかげで、春の大会ではスターティングメンバーを勝ち取ることができました。

野球部に入ったことで、あいさつなどの礼儀が身についたのはよかったなと思います。また、今でも連絡を取り合う、かけがえのない友人に出会えたのは幸せでした。

野球という好きなことをやっている以上「勉強もきちんとやる」ということは、つねに意識していました。そのため、授業中の集中力はだれにも負けなかったと思います。

野球部であせを流した中学時代。目立つことが大好きで、クラスでも人気者だった。

野球部の練習に使っていたミットとボール。ポジションはキャッチャーをまかされていた。

野球部から贈られた卒業記念品。右には集合写真とともに「文武両道」「初志貫徹」など、野球部の心得が書かれている。

Q 中学のときの職場体験はどこに行きましたか?

ぼくの通っていた学校は中高一貫教育の学校でした。そのためか、職場体験ではなく、大学へ進学の決まった高校3年生の先輩に、将来についての話を聞きに行くという授業が、中学2年生のときにありました。

授業はまず、進路学習ノートをつくることから始まりました。興味があることや、自分の性格をふまえた上で、将来自分がやりたい仕事を考え、そのためには、どんな勉強をすればよいかをまとめるのです。そして、自分が思い描いた方向に、いちばん近い先輩を探して、話を聞くのです。

ぼくは、文系より理系の勉強が好きだったので、理系の学部に進学が決まった野球部の先輩に話を聞きました。

Q 先輩の話を聞いてどんな印象をもちましたか?

先輩は「新しいものを生み出す研究がしたい」と話をしていました。夢や希望にあふれる姿を見て、かっこいいなと思ったことは鮮明に覚えています。また、先輩に影響され、研究開発の仕事はおもしろそうだなと思った記憶もあります。話を聞いて以降、理科や数学は、とくにしっかり授業を聞くようになりました。

Q この仕事を目指すなら今、何をすればいいですか?

私が野球をやっていて本当によかったと思えるのは、あいさつやお礼など、礼儀作法を中学生のうちに学べたことです。とても基本的なことですが、将来どんな仕事に就いたとしても大事なことです。人として当たり前のことを、当たり前に行う習慣を身につけてほしいと思います。

研究開発の仕事は、理科や数学の能力が不可欠だと思うかもしれません。しかし、将来の夢を決めるとき、教科の得意、不得意から選ぶのはもったいないことです。純粋に「好き」「興味がある」と思えることを大切にして、さまざまな経験を積み重ねていってください。

早くて精度の高い検査ができる試薬をつくり感染症の拡大防止に貢献したい

− 今できること −

ふだんの暮らし

感染症の検査方法は、PCR検査や抗体検査など、さまざまな検査方法があります。今、世界にはどのような感染症があり、どのような検査が行われているのか調べてみましょう。また、新しい検査方法が出てきたときは、これまでの方法とのちがいに注目してください。検査にかかる時間が短くなったのか、より正確にわかるようになったのか、または検査時にかかる体への負担が減ったのかなどです。調べる作業は、研究開発の基本でもあるので、深く追究する練習になるでしょう。

数学 グラフや数値から、物事の傾向を読み取る力を養いましょう。また、読み取ったことをもとに、次に起こることを推測するなど、論理的思考をみがきましょう。

理科 観察や実験の結果を分析して、正確に理解する力を身につけましょう。また、体の仕組みや微生物について理解を深め、科学的な見方ができるようになりましょう。

体育 体育や保健の授業を通して、自分の体や健康と向き合い、正しい病気の予防方法を積極的に学びましょう。

英語 ウイルスや細菌についての最新情報は、おもに英語で書かれた論文から得ます。基礎的な文法や慣用表現を学び、正しく読み取る力を身につけましょう。

福祉アート プロダクトプランナー

Welfare Art Products Planner

ヘラルボニー
西野彩紀さん
入社3年目 25歳

気持ちが前向きになる
かっこいいマスクで
感染予防を後押しします

障がいがある人たちの個性を活かして、福祉のイメージをぬりかえる新しい取り組みを行っているヘラルボニー。感染症の拡大を防ぐためにつくった「アートマスク」が注目されています。商品の企画にたずさわった、西野彩紀さんにお話をうかがいました。

Q 福祉アートプロダクトプランナーとはどんな仕事ですか？

　私が働いているヘラルボニーは、知的障がいがある作家が描いた絵をデザインに使ったネクタイや財布、エコバッグなどの商品をつくったり、イベントを演出したりする会社です。ヘラルボニーでは、作家が描いた絵を現在、2000点以上画像データとして管理しています。これらの絵を、自分のところの商品のデザインに使用したいという会社といっしょに、つくり上げるのが私の仕事です。

　商品づくりでは、初めにどのような商品をつくるか考えます。世間で流行しているものや、必要とされているものは何かを考え、そこに作家の描いた絵をデザインしたらどんなものになるか考えるのです。アイデアがまとまったら協力してくれる企業を探します。例えばネクタイであれば、ネクタイをつくっている企業、財布であれば、雑貨をつくっている企業などです。協力してくれる企業が見つかったら、今度は作家が描いたさまざまな絵のなかから、商品のデザインに合いそうなものをいくつか選びます。そして、その絵を描いた作家に使うことを伝え、製作が始まります。デザイナーに、使う絵の画像を渡してデザインをお願いし、商品をつくる工場に試作品をつくってもらいます。イメージどおりのものができたら生産に入ります。

　2019年末から急速に広まった、新型コロナウイルス感染症の影響で、日本をはじめ世界中で深刻なマスク不足が起こりました。全国の福祉施設でもマスクが足りず、みなさん、不安な毎日を過ごしていました。そんな状況を見た私は、作家の描いた絵をデザインした、洗ってくりかえし使える布製のアートマスクをつくったらどうかと考えました。知的障がいがある作家の作品は、とても力強くて前向きな気持ちにさせてくれるものばかりです。不安な気持ちになっている人々に、希望を届けられるのではないか、そんなふうに思いました。現在4種類のアートマスクが商品化されていて、どれもとても好評を得ています。

つくったアートマスクは、西野さん自らも愛用。「せっかくつけるなら、デザインのすてきなマスクをつけたいと思い、アートマスクを思いつきました」

Q どんなところがやりがいなのですか？

　知的障がいがある人で、自分なりの「こだわり」をもつ人はたくさんいます。そのこだわりが、繊細な色彩や大胆なデザインなど、魅力的な作品を生み出します。そうしたすばらしい作品を、私の企画によって、世の中の人に知ってもらえることは、大きな喜びです。そして、作家本人やその家族、作家が所属している福祉施設の人々にも喜んでもらえるのが、何よりのやりがいになっています。

　また、アートマスクの商品化では、社会にも貢献できたなと感じています。アートマスクをつけていると、見た人が「すてきなマスクですね」と声をかけてくれて笑顔が生まれます。感染症の流行に不安が広がるなかで、心が明るくなる商品をつくることができ、本当によかったと思います。

ビデオ通話機能を使って上司と打ち合わせ。直接会わなくても顔を見て話すことができるので、ひんぱんに活用している。

西野さんのある1日

10:00	仕事開始
	社員全員が集まるオフィスはなく、基本は家で仕事を行うリモートワーク
11:00	パソコンのビデオ通話機能を使い、商品についての打ち合わせ
12:00	ランチ
13:00	協力企業に行き、商品の打ち合わせ
15:00	商品生産のための資料を作成
16:00	デザイナーと、商品デザインの打ち合わせ
17:30	メールをチェックして、仕事終了

Q 仕事をする上で、大事に　していることは何ですか？

商品の製作に協力してくれる企業と、作品である絵を提供してくれる作家の、両者に喜んでもらえる企画を考えることを大事にしています。

企業にとって、知的障がいがある作家の絵を自社商品のデザインに活用することは、福祉活動にもつながり、社会に貢献できます。一方、作家たちにとっては、創作活動を仕事にする選択肢や、自分の作品を発信していく手段が増えていきます。このように、おたがいが喜び合える企画の提案が大切だと思っています。

最近は、障がい者のイメージが変わってきているのを感じると話す西野さん。「ヘラルボニーが、この状況を後押しできたらうれしいです」

Q なぜこの仕事を　目指したのですか？

大学時代にイギリスへ留学したことがきっかけです。いろいろな国や人種の人と出会い、世界にはさまざまな価値観をもった人がいて、自分の個性を大切にしながら生きているのだということを実感しました。そして、自分の生きてきた環境に目を向けるようになりました。

私には知的障がいがある妹がいます。そのため、もともと福祉に関心はあったのですが、仕事にしようとは考えていませんでした。しかし、留学での経験から、自分の身近に存在する福祉について深く考えました。そして、知的障がいがある人も個性を活かせる場所が、もっとあってもよいのではないかと思うようになったのです。

その後、ヘラルボニーの活動を知り、知的障がいがある作家の作品が、かっこいい商品となって販売されているのを見て「これだ！」と思いました。当時、ヘラルボニーは、新しい社員を募集していなかったので、大学卒業後は別の会社に入りましたが、その後、募集の知らせを聞いてすぐに連絡し、入社を決めました。

Q 今までに　どんな仕事をしましたか？

大学に在学中、インターン※としてヘラルボニーで2年間働きました。商品開発のアシスタントのようなことをさせてもらい、会社の雰囲気をつかんでいきました。

大学卒業後に入った会社は、国際的なIT企業でした。仕事の基本を学ぶ研修で、他社を訪問するときのマナーや専門用語などを勉強しました。しかし、その後すぐにヘラルボニーから社員募集開始の連絡があったため、実際の仕事を始める前にやめました。わずか4か月間でしたが、大きな会社の仕組みや、仕事への姿勢を学ぶことができ、よい経験になったと思います。

ヘラルボニーに入社後は、プロダクトプランナーとして、商品やイベントの企画を考え、完成するまでのスケジュール管理やスタッフの手配など、製作進行の仕事をしてきました。また、新型コロナウイルス感染症の影響で不足したマスクを福祉施設に届けることを目的とした「おすそわけしマスク」というプロジェクトにも取り組みました。「55枚のマスクを買って、そのうち5枚を全国の福祉現場におすそわけ（寄付）しよう」という企画です。多くの人に購入してもらうことができ、好評のうちに終了しました。

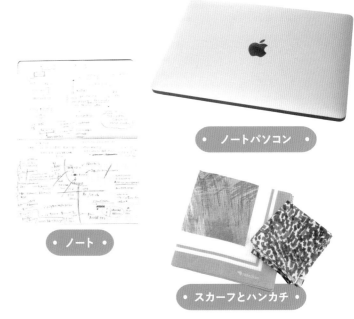

ノートパソコン

ノート

スカーフとハンカチ

PICKUP ITEM

思いついたアイデアや、製作途中の商品についてなど、大事なことをメモするノート。どんなささいなことでも書き留めている。ノートパソコンは、どこでも仕事ができるように、いつも持ち歩いている。オレンジ色のスカーフと青色のハンカチは、西野さんが手がけた人気商品。

用語　※ インターン ⇒ 高校生、専門学生、大学生などが、将来の職場を選択するために、企業につとめる体験をすること。自分にどんな仕事が合っているかを考えるヒントが得られる。

Q 仕事をする上で、難しいと感じる部分はどこですか?

物事を的確に判断し、前に進めていくことが難しいです。

入社してすぐのころ、ある企業がつくっている商品のパッケージに作家の絵が使われることが決まり、私が担当することになりました。デザイナーに指示を出したり、生産工場からの問い合わせに対応したりなど、私が判断して決めなければいけないことがたくさんあり、経験が浅かった私は、混乱してしまいました。そしてひとつひとつの判断にとても時間がかかってしまい、結局、納品期日までに、商品を完成させることができませんでした。

この一件以来、自分だけでは判断できないと思ったときは、上司や先輩などに相談するようになりました。経験豊富な人の意見を聞いて、よりよい方法を学んでいます。

Q ふだんの生活で気をつけていることはありますか?

ふだんの生活を充実させるために、仕事を楽しむことを意識しています。私の場合、仕事がつらいと、仕事をしていないときもずっとそのことばかりを考えてしまい、毎日がつまらなくなってしまうからです。

そのため、自分が何を楽しいと思うのか、自分自身のことを理解し、「楽しい」「おもしろい」と思えることを、商品の企画にするようにしています。好きなことを仕事でやっていると毎日が充実し、たとえ大変なことが重なっても「のりこえてやろう!」というパワーになります。

Q これからどんな仕事をしていきたいですか?

感染症対策になるような商品をこれからも積極的につくっていきたいです。具体的なところでは、アートマスクの種類を、もっと増やしたいです。今はまだ4種類のデザインしかありませんが、ヘラルボニーには作家のすばらしい絵がたくさんあります。マスクに合いそうな絵を選び、アートマスクとして発信していけたらよいですね。また、冬用や夏用など、季節に合わせた素材でつくることも考えています。

ほかにも、お店などで感染防止のために使われている透明なアクリル板に作家の絵を組み合わせたら、すてきな商品になるのではないかと考えています。

> 手に持っているスカーフは、明るい色使いが気に入って、デザインに採用した、西野さんのお気に入り。

> エコバッグはもちろん、カチューシャ風につけているバンダナも、作家の絵を使ってデザインされている。

福祉アートプロダクトプランナーになるには……

福祉アートプロダクトプランナーには、ふたつの要素が求められます。福祉に関する知識と新商品を企画する力です。どちらに重点をおきたいか考え、高校卒業後の進路を決めるとよいでしょう。福祉系、デザインの知識を学ぶ芸術系、消費者の行動心理などを学ぶマーケティング学や経営学系と、進む道は複数あります。

```
高校
 ↓
大学・専門学校
 ↓
福祉アート商品をあつかう企業に就職
```

Q この仕事をするには どんな力が必要ですか?

物事の本質を見極める力が必要だと思います。

知的障がいがある人の作品というと、さまざまな偏見をもって見られがちです。いちばん多いのは、絵そのもののすばらしさを見ずに「知的障がいがある人が描いた絵だからすごい」とする見方です。知的障がいがある人にも、絵を描くのが得意な人とそうでない人がいます。ヘラルボニーでは、本当にすてきだと思える絵を描く作家を発掘し、商品のイメージに合う絵を選んでいます。さまざまな偏見にまどわされず、客観的に物事を見る力がなければ、できない仕事だと思います。

Q 中学生のとき どんな子どもでしたか?

私は、小学校に入る前からダンス教室に通っていました。そこで習っていたジャズダンスが大好きで、中学生になってからも休まず通いました。また部活も、ダンスをしながらバトンをまわしたり、空中に投げ上げたりするバトントワーリング部を選びました。毎日ダンスをしているような生活でしたが、踊ることが楽しくて仕方なかったので、疲れを感じることもほとんどありませんでした。

勉強は、英語と数学が好きでした。とくに英語は幼稚園のころから英会話を習っていたこともあって得意でした。洋楽を聴くことも多く、カナダ出身のシンガーソングライター、アヴリル・ラヴィーンの音楽を聴いて、歌詞を翻訳したり、発音をまねしてみたりするのも好きでしたね。

西野さんの夢ルート

小学校 ▶ 通訳

英会話教室に通っていて
英語が得意だったから。

▼

中学校 ▶ 国際的な仕事

得意な英語を活かし、
世界で働きたいと思った。

▼

高校 ▶ 国連※の職員

児童労働問題に取り組む
ボランティアに参加したことをきっかけに
将来は国際的な機関に入って
問題解決に取り組みたいと思った。

▼

大学 ▶ 国連職員か研究者

国際政治学部での勉強が楽しくて、
政治学の研究者にも興味をもつようになる。
しかし、イギリス留学で気持ちが変わり
「福祉アート」の道を目指すことに。

学校案内のパンフレットにのった西野さん。「人前に出るタイプではなかったため、写真がのるのも、本当はとてもはずかしかったです」

バトントワーリング部のジャージと、使っていたバトン。上手にバトンをまわせるようになりたくて、何度も練習をした。

バトントワーリングの大会に出場したときの写真。

用語 ※ 国連 ⇒ 国際連合の略。アメリカのニューヨークに本部を置き、国際の平和と安全の維持を目的につくられた国際機構。
国際協力によって、経済、社会、文化面における世界的問題の解決を図る活動を行っている。

Q 中学のときの職場体験はどこに行きましたか？

中学2年生のときに、学年全員でフジテレビに行き、自分たちでニュース番組を制作してみるという職場体験をしました。アナウンサー役やカメラマン役、次の指示を出す役など役割を決め、1本の模擬番組を制作してみるという体験です。それぞれ本当にその仕事をしている人たちに教わりながら、本物の番組をつくっているスタジオで制作しました。私はカメラマン役を希望して、4台あるカメラを、それぞれ何人かで分担して撮影しました。

Q 職場体験ではどんな印象をもちましたか？

みんなでつくった模擬番組は、フジテレビの方が編集してくれて、後日、学校で観ることができました。当日は必死にカメラを動かしていたので、どの場面を自分が撮ったのかまで覚えていなかったのですが、本物のニュース番組のようにできあがっていて、とても感動しました。この体験をきっかけに、テレビ番組を観るたびに、これをつくるために多くの人が働いているんだなと、想像するようになりました。テレビの仕事ははなやかで、キラキラしていましたが、自分のやりたい仕事とはちがうなと感じました。

Q この仕事を目指すなら今、何をすればいいですか？

まず、自分の好きなことを見つけることと、広い視野をもつことです。

私はもともとは英語が好きで、そこから海外に関心をもち、留学を経験しました。そこでさまざまな人と出会い、自分の生きてきた環境や日本の福祉について考えるようになり、ヘラルボニーに行き着きました。

また、障がいのある人と関わる機会をもつこともよいと思います。実際にふれあい、身近な存在として感じるようになると、仕事で作家さんと接するときも、自然に打ち解けることができるようになると思います。

福祉とアートをつなげて
感染症で広がる不安な心に
希望をもたらすような
商品を生み出したい

－ 今できること －

ふだんの暮らし

ひとつの商品を福祉の視点とアートの視点から見直し、新商品を生み出すのが福祉アートプロダクトプランナーの役割です。新商品を考える発想力や、考えたものをかたちにする行動力が必要です。生徒会や文化祭の実行委員などに加わり、よりよくするためのアイデアを積極的に提案してみましょう。提案するときは、そのとき話題になっていることを意識して取り入れることも大切です。また、福祉ボランティアなどに参加し、福祉を身近なものとして考えられるようになりましょう。

国語
さまざまな人の思いを読み取り、商品に反映させる仕事です。小説などを読み、登場人物の気持ちを理解する力や、気持ちを表現する力を育みましょう。

社会
新商品は、消費者の行動や、それにともなう価格の変動なども考えて企画することが必要です。公民の授業を通し、経済活動の基本的な仕組みを勉強しましょう。

数学
デザインだけでなく、設計、生産、流通といった工程にも深く関わるため、収支の計算などもしなければいけません。状況に応じた計算ができるようにしましょう。

美術
美術作品の鑑賞を通して、造形的なよさや美しさ、作者の心情や意図などを感じ取る力を養いましょう。

アプリニュース編集者

Application News Editor

JX通信社
濱川太一さん
入社2年目 29歳

**情報を分析し
人々に広く伝えることで
感染症の拡大と
たたかいます**

未知のできごとに直面にしたとき、人は不安になります。正しい情報を伝えることで、新型コロナウイルス感染症に対する人々の不安を和らげ、感染拡大に立ち向かっている人がいます。アプリニュースの編集者、濱川太一さんにお話をうかがいました。

Q アプリニュース編集者とはどんな仕事ですか？

　ＪＸ通信社は、企業や自治体に情報を提供したり、スマートフォン用のアプリにニュースを配信したりする報道機関です。報道というと、記者が現地に出かけて取材をするイメージがあると思いますが、ぼくたちの会社に記者はいません。ＪＸ通信社では、記者の代わりに、SNSから情報を集めます。

　SNS上には、災害や事件、事故など、さまざまな地域の最新情報が、どんどん投稿されています。ぼくたちの会社では、ニュースの分析用に学習をさせたAI※を使って、SNSに投稿された文章や画像をすばやく選別し、今、どこで何が起きているかを割り出しています。

　ぼくはアプリニュースの編集担当として、スマートフォン用のアプリ「NewsDigest」で配信する記事を、わかりやすくまとめています。配信する記事には2種類あります。ひとつはSNSなどに投稿された情報から事実のみを配信する速報記事、もうひとつは、集めた情報を分析し、独自の内容にして配信する自社記事です。

　どちらの記事においても、ぼくが今もっとも力を入れているのが、2019年末に発生して世界に感染拡大した、新型コロナウイルス感染症のニュースです。各都道府県では、その日の感染者数や感染した人の病状を、毎日発表しています。発表された情報は、まずすぐに記事として配信し、その後AIで得たほかの情報と照らし合わせ、よりくわしくて正確な記事にまとめてから再び配信します。

　また、自治体が発表している人数が本当に正しいか、ぼくたちの会社が独自で計算しなおすこともあります。AIによって多くの情報を収集しているので、より正しい人数が把握できるのです。実際に自治体の発表した人数がまちがっていたため、ぼくがその自治体に正しい人数を伝えたこともありました。

AIによって集められたさまざまな情報から、人々の関心が高いと思われるものを濱川さんが選んで記事にまとめている。

Q どんなところがやりがいなのですか？

　人々に正しい判断や行動をする上での情報源として、「NewsDigest」を使ってもらえることです。

　新型コロナウイルスが広がり始めた最初のころ、ウイルスについての情報がなく、さまざまな疑わしい情報が出まわりました。しかし、ぼくたちは、そのひとつひとつを調べて確認し、正確な情報だけを選んで配信しました。これに対してSNSなどで「情報があって助かった」という声があり、この仕事をやっていてよかったなと思いました。

「NewsDigest」のアプリ画面。感染状況の統計をまとめた「新型コロナウイルス感染状況マップ」が好評。

濱川さんのある1日

06：30	起床。朝のニュース配信をする
10：00	出社。メールとSNSを確認後、新聞に目を通す
10：30	速報で伝える記事の編集
12：00	昼のニュース配信
13：00	ランチ
14：00	アプリ「NewsDigest」の改良やAIに新たに学ばせる言葉の選定
16：00	社内ミーティング。「NewsDigest」の改良点を話し合う
17：00	新型コロナウイルスの感染者数を集計し、感染者の傾向を分析。発生状況の確認をして記事を書く
18：00	記事の配信
20：00	メールのチェックをして、退社

用語　※ AI ⇒ Artficial Intelligence（人工知能）の略。
人間のように学習し、学習したことをもとに推測・判断のできるコンピューターシステムのこと。

Q 仕事をする上で、大事にしていることは何ですか？

　さまざまなできごとに、自分の勝手な思いこみをのせた記事を配信しないことです。

　ひとつひとつの情報やできごとは、似ているように見えても、実際にはそれぞれちがいます。例えば、新型コロナウイルスの感染者数は、毎日、各自治体から発表されているので数字に慣れてしまいます。すると「今日はこのくらいか」と、減ったか増えたかということだけに関心がいってしまいがちです。しかし、その数字の先には、ひとりひとり別の人生があります。新たに増えた感染者数が、昨日と今日とで同じ人数だったとしても、まったくちがうものなのです。

　ひとつとして同じ事件、事故はないことを忘れず、自分がもっている知識だけで判断しないようにしています。

事件や事故のニュースでは、警察や消防署に連絡し、内容にまちがいがないか確認することもある。

Q なぜこの仕事を目指したのですか？

　世の中で起きていることをもっと知りたいという好奇心から、大学卒業後は新聞社に入社して、新聞記者として5年間働きました。

　新聞記者の仕事は、例えば事件が起きているという情報が入ったら現場にかけつけ、どんな事件か確かめて、よりくわしい状況を記事にします。その際の情報は、近くにいた人がSNSに上げた投稿であることも多かったです。新聞記者を続けているうちに、SNSをもっと上手に利用すれば、遠くで起きたできごとでも、すぐにくわしく伝えられるのではないかと思うようになりました。

　JX通信社は、テレビのニュース、新聞記事、SNSとあらゆるところから情報を集めているので、速報性が高いのはもちろん、内容も深く、充実しています。ぼくは、これこそが新しい報道だと思い、転職を決めました。

Q 今までにどんな仕事をしましたか？

　大学卒業後に入った新聞社では、記者として事件、事故、災害、地方行政などの取材のほか、台湾やミャンマーなど海外での取材も経験しました。文章の書き方や、取材の仕方、また、報道にたずさわるものとしての心構えなど、基本的なことを学んだ貴重な5年間だったと思います。

　JX通信社に入社してからは、アプリニュースで配信する記事の編集を行うほか、情報の分析や予測を立てることにも取り組んでいます。最近では、新型コロナウイルスの感染者を、地域ごとに年代別に分けて、重症者の割合を分析し、今後どのようなかたちで重症者が増えていくかを予測しています。分析結果や予測したデータも、会社独自の記事として「NewsDigest」で発信します。

Q 仕事をする上で、難しいと感じる部分はどこですか？

　人々が求める情報をどのようなかたちで伝えれば、正しく伝わるか、いつも悩みます。配信する記事がまちがって伝わってしまったら、多くの人がまちがった行動をとってしまうかもしれないからです。

　新型コロナウイルス感染症の場合、これまでだれも知らなかったウイルスに直面し、みんなが不安を感じました。インターネットには、疑わしい情報も流れ、感染者に対して批判するような投稿も上がるなど、多くの問題が起こりました。この状況を変えられるのは、正しい情報しかないとぼくは思っています。

　ぼくたちは、配信する記事が読む人の行動に影響をあたえてしまうことを忘れてはいけません。正しく受け取ってもらえる伝え方を考えながらアプリニュースの編集をするのはとても難しい作業ですが、慎重に行っています。

感染者数を示す地図の見せ方を、仲間と考える濱川さん。「わかりやすく伝えるには、見た目も重要です」

Q ふだんの生活で気をつけて いることはありますか?

毎日、新聞を読むようにしています。インターネットに流れているニュースやSNSは、知りたい情報を自分で選んで読むものです。そのため興味のない情報は、知らないままになってしまうこともあります。しかし、さまざまな情報が入り交じっている新聞は、興味のないことも目に入り、世の中のできごとを広く知ることができます。

そのほか、本を読むことも大切にしています。なかでも、昔から読まれてきた本を意識的に読むようにしています。本を読むと、どんなに時代が変わっても、人間の根本的なところは大して変わっていないことがわかります。そして、人がどんなときに、どんな行動をとるか理解できるようになるので、今の自分の仕事にも役に立っています。

新聞によって、同じできごとでもあつかい方がちがうため、何紙も読んで比較する。

・ノートパソコン・

PICKUP ITEM

急に飛びこんできたニュースを記事にして配信することもあるため、持ち歩きできるノートパソコンを愛用。新聞は、毎日必ず複数紙に目を通し、世の中のできごとを頭に入れるようにしている。

・新聞・

Q これからどんな仕事を していきたいですか?

日本は、毎年のように大雨や台風、地震などが起き、たくさんの被害者が出ています。こうした被害をぼくたちの発信する情報や、注意を呼びかける記事によって、少しでもおさえることができたらうれしいです。そのためにも、多くの人にとって「NewsDigest」が生活必需品になるように、配信の「速さ」と「信頼性」にこだわって記事をまとめ、配信していきたいです。

また、新しいアプリの開発にもたずさわってみたいです。例えば、ひとつの事柄に特化した記事を配信するアプリなどです。「NewsDigest」の記事で配信した事柄の、より深い情報を、別のアプリで届けられたらよいなと思います。

「アプリは今後ますますできることが増えると思うので、新しい技術を積極的に取り入れていきたいです」

アプリニュース編集者になるには……

アプリニュース編集者になるには、社会のことをはば広く知っておくことが大切です。一般的に政治学部、経済学部、社会学部のある大学を卒業することが、記者や編集者への近道といえます。ただし、情報を数値化し、分析し結果を記事として発信する場合は、解析学や統計学の知識が必要です。工学系、または情報学系の大学や専門学校で、専門的に学ぶことをおすすめします。

```
              高校
               │
        ┌──────┴──────┐
        ▼              ▼
      大学          専門学校
        │              │
        ▼              ▼
  報道会社に、アプリニュース編集者として就職
```

Q この仕事をするには どんな力が必要ですか？

この仕事は、好奇心が強い人に向いている仕事だと思います。何かを見たら「もっとくわしく知りたい」と思えるかどうかでその強さがわかると思います。

また、少しでも疑問を感じたら、わかるまで調べようとする追究心や、追い続けるための忍耐力も必要です。「真実を追究する」というとかっこいいですが、実際にはとても大変なことで、途中であきらめたくなることがよくあります。それでもやりとげるには、忍耐力がなければいけません。ぼく自身、あまりに膨大な量の情報を前にすると、調べるのがめんどうになってしまい、やりたくないなと思うこともあります。しかし、正しい情報を知りたいという追究心や忍耐力によってのりきれるんです。

濱川さんは、じつは"めんどくさがり"の性格。「やりたくないなと思うこともたくさんあるんですよ」と笑う。

Q 中学生のとき どんな子どもでしたか？

ぼくは、勉強ばかりしている中学生でした。授業はしっかり聞き、宿題もきちんとやりました。塾にも通っていて、毎日、何時間も勉強していました。今考えると、もっと遊んでおけばよかったなと思いますが、当時はそれが楽しかったんです。わからなかったことが、勉強をするとわかるようになるのも、やればやるほど、テストでの点数が上がっていくのも、とてもおもしろく感じていました。まるでゲームをしているような感覚です。

国語と英語は、問題を解くよりも、教科書にのっている小説やエッセイを読むのが楽しく、物語の世界にひたっていました。なかでもとくに好きだったのは、向田邦子さんのエッセイです。心にひびく彼女の文章に夢中になり、自分でエッセイ集を買いそろえました。

部活は、テニス部に入りましたが、3か月でやめてしまいました。部活より勉強の方が楽しくて、休日の練習がめんどうになってしまったんです。

濱川さんの夢ルート

小学校 ▶ 飛行機のパイロット

乗り物が好きで、
とくに飛行機が好きだった。

▼

中学校 ▶ 教師

担任だった美術の先生が生徒思いで、
熱心に教える姿がかっこよかった。

▼

高校 ▶ 外交官または、新聞記者

世界中の国のことを知りたいと思い、
国際的に活躍する外交官か新聞記者なら
希望が叶うと思った。

▼

大学 ▶ 新聞記者

大学の先輩に新聞記者になる人が多く
自分の関心とも合っていたため
強く意識するようになった。

勉強が大好きだった中学生時代。知識を得る楽しさが勝って「努力をしている」という感覚はなかったという。

Q 中学のときの職場体験はどこに行きましたか？

中学1年生のときに、友だちと5人で近くのホームセンターに3日間の職場体験に行きました。警察署やスーパーマーケットなどの選択肢もありました。でも警察署は、何となくこわそうだなと思ってやめ、スーパーマーケットは人がたくさん来るので仕事が大変そうだなと思ってやめました。残ったのがホームセンターで「いちばん楽そう」という安易な気持ちから選びました。

Q 職場体験ではどんな印象をもちましたか？

最初に教わったのは、接客でした。お客さんに「いらっしゃいませ」と元気よくあいさつをしたり、店内を案内したりする方法です。見ず知らずの人に笑顔で対応することに、最初はとまどいました。しかし、社会に出たらこういう場面をたくさん経験するのだろうと思って、がんばったような気がします。慣れてくると意外と楽しくて、積極的にお客さんに声をかけることができるようになり、自分でもおどろいたのを覚えています。今の仕事でも、取材で人に直接話を聞くことがあります。そんなとき、職場体験でした接客の経験が頭をよぎるんです。

Q この仕事を目指すなら今、何をすればいいですか？

今はテレビのニュース番組や、新聞、雑誌から情報を得る人がどんどん減り、インターネットで情報を得る人が増えています。しかし、新聞、雑誌、テレビ、インターネットには、それぞれ特徴があり、ニュースの伝え方にちがいがあることを知ってほしいと思います。そして、広い視野で世の中のできごとを見られるようになってください。

そのためにも、まずは新聞や雑誌を読み、テレビのニュース番組を観てください。その上で、インターネットに流れるニュースや、ぼくたちのアプリ「NewsDigest」も読んでほしいですね。

つかんだ情報をいち早く記事にして配信し、人々がいだく「わからないことへの不安」を取り除きます

ー 今できること ー

ふだんの暮らし

アプリニュースの編集者は、世界中で起こったできごとをまとめ、情報を正しく人々に伝える仕事です。新聞委員や放送委員などをやり、学校内で起きたことを取材したり、連絡事項をまとめたりして伝える経験を積んでおくとよいでしょう。また、情報を正しく届けるためには、的確な言葉で伝えたり、わかりやすく表現する工夫をしたりすることが大切です。文化祭などで展示や出しものをするときは、見る人がどうすれば内容を理解し、楽しめるかを考え、工夫してみましょう。

国語
さまざまな文章や本を読み内容を正しく理解する読解力と、人に伝える表現力を身につけましょう。また、作文などを通して文章を組み立てる力を養いましょう。

社会
世の中で起きているさまざまなできごとに目を向け、公正に判断する力をつけましょう。またそのことが、社会生活にどのような影響をあたえるか考えましょう。

数学
集めたデータを表やグラフにして分析することがあります。グラフの種類と活用方法を学び、目的に合った使い分けと、読み取りができるようになりましょう。

技術
フェイクニュース（まちがった情報）にまどわされず、情報を正しく読み取る力を身につけましょう。

感染対策商品研究

Infection Control Products Research

サラヤ
天羽仁美さん
入社8年目 31歳

ウイルスや細菌の
研究をして、
感染対策商品の開発に
つなげています

手洗いのときに使うハンドソープなどの洗浄剤や、消毒効果のあるスプレーやジェルの消毒剤など、身のまわりには感染対策商品がたくさんあります。
こうした商品を開発するため、さまざまな研究を行っている、天羽仁美さんにお話をうかがいました。

Q 感染対策商品の研究とはどんな仕事ですか？

　私が働くサラヤでは、感染症の原因となるウイルスや細菌の数を減らしたり、無毒化させたりすることを目的としたさまざまな感染対策商品を開発しています。

　ウイルスや細菌は、目に見えない微生物です。微生物の種類によって、引き起こす感染症はちがってきます。それぞれの特徴は、世界中の研究者たちによって調べられ、わかったことは論文などで発表されています。私は、そうした研究結果をもとに、ウイルスや細菌に対抗できる消毒剤や洗浄剤などの感染対策商品を研究するのが仕事です。

　例えば消毒剤なら、どんな成分を、どんな配合で加えると、どの微生物をどのくらい減らすことができるのか、実験をくりかえして研究しています。なかには、まだ微生物の特徴が明らかになっていない場合もあります。そんなときは、微生物自体を調べる「基礎研究」から行うこともあります。

　もっとも効果的な成分と配合が決まったら、その消毒剤の「保存性」と「安全性」を確認するのも、私の仕事です。お客さんに購入された商品は長期間、保管されることもあります。そのような環境でも消毒剤の効果に変化がないか、人が安心して使えるかを実験して調べるのです。そして、すべての実験でよい結果が得られて初めて、感染対策商品として販売されることになります。

　このほか、サラヤの感染対策商品を使うことで、どのくらい感染の予防や殺菌、除菌の効果があるのかを、購入者向けに、わかりやすく「見える化」した資料もつくっています。例えば、ウイルスや細菌は目に見えないほど小さいですが、特殊な薬で光らせることができます。そこに感染対策商品の消毒剤を加えると、ウイルスや細菌は死滅し光が消えていきます。そのようすを記録して、資料としてまとめ、商品の宣伝などに役立ててもらっています。

感染症を引き起こす微生物に消毒剤を加え、効果を検証。作業は無菌状態の場所で行い、ほかのウイルスや細菌が入らないようにする。

Q どんなところがやりがいなのですか？

　ウイルスや細菌は、体内に入るとさまざまな症状を引き起こし、人々を苦しめます。また、予防や対策をとらなければ、感染症はすぐに広がってしまいます。苦しむ人を少しでも減らし、感染の拡大をおさえるために、自分の研究があるのだと思うと、大きな責任とやりがいを感じます。

　2019年に感染拡大が始まった新型コロナウイルスによって、感染対策商品への関心がこれまで以上に高まりました。私たちも、これまで販売してきた商品が新型コロナウイルスにも有効か、すぐに検証し、一部に改良を加えて販売しました。その後、さまざまな場所でその感染対策商品が使われているのを見ると、研究したかいがあったなと思います。

薬を加えたことで、ウイルスや細菌がどのくらい減ったか顕微鏡で確認。

天羽さんのある1日

08:20	出社
08:30	メールのチェックとその日に行う実験の予定を確認
09:00	資料の作成。実験データの記録からこれまでにわかったことをまとめる
10:00	感染対策商品の企画チームと資料を見ながら打ち合わせ
12:00	ランチ
13:00	実験。感染対策商品の効果について調べる
17:00	実験データを記録し、報告書の作成
18:00	退社

Q 仕事をする上で、大事に していることは何ですか？

　一度始めたら、あきらめずに最後までやりとげることを大事にしています。実験は結果が出るまでにとても時間がかかります。しかも、がんばれば必ず答えが出るというものでもありません。しかし、うまく行かなかったからといってさじを投げてしまったら、それまで積み重ねてきた実験までむだになってしまいます。そのため、自分が納得いくまでやりぬくことを心がけています。

　また、頭のなかで考えているだけではなく、行動にうつすことも大事にしています。実験に行き詰まったら、ほかの研究者の論文を読んで何が悪いのか考え、新しい角度から実験を行うなどの挑戦をするようにしています。

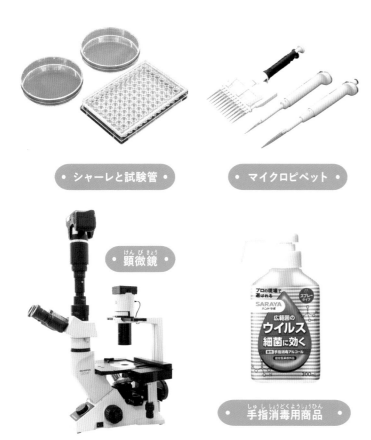

・シャーレと試験管　　・マイクロピペット

・顕微鏡

・手指消毒用商品

PICKUP ITEM

平皿のような容器はシャーレといい、ウイルスや細菌を実験用に増やすときに使用。試験管は、液体薬剤の調合でおもに使用する。調合するときは、少量ずつ加えられるようにマイクロピペットを使用。12個分、まとめて入れられるマイクロピペット（左）もある。ウイルスや細菌は小さいため顕微鏡で確認。研究によって効果が認められたものは、商品として販売。サラヤには手指消毒用商品などさまざまな感染対策商品がある。

Q なぜこの仕事を 目指したのですか？

　高校のときに病気で何度か入院したことがあり、人は、健康が第一だと思うようになりました。そして、健康な体は、内側からつくられると考え、大学は農場実習ができ、食に関わる勉強ができる農学部を選びました。

　大学で私が研究テーマに選んだのは野生の「ナシ」の遺伝子についてでした。調べれば調べるほど、疑問がわき、もっと突き詰めて研究するために、大学院にも進みました。

　研究していて感じたのが、疑問に思ったことについて、実験によって自分で答えを見つけていくことの楽しさです。そこで私は、仕事は健康に関わる商品の研究職を目指そうと心に決めました。そして、出会ったのがサラヤでした。

Q 今までに どんな仕事をしましたか？

　会社に入るまでウイルスや細菌をあつかったことがなかったので、最初は先輩たちに教えてもらいながら、研究の補佐をしていました。

　入社2年目からは、医療現場で感染対策として用いられる、消毒剤や洗浄剤などの商品研究に関わりました。医療現場で使う商品は、一般に販売されている感染対策商品よりもさらに細かいデータによる証明が必要です。そのため、実験の方法や計測方法などにも細心の注意をはらって行いました。また、研究成果を学会で発表したり、論文を書いたりして情報を発信し、医療機関に商品を安心して使ってもらえるような活動にも力を入れました。

　入社5年目からは、感染対策商品の効果の「見える化」や、まだ明らかになっていないウイルスや細菌の特徴について調べる基礎研究にも取り組むようになりました。また、新型コロナウイルスの予防に効果的な消毒剤の研究にもたずさわっています。

発表されたばかりの論文を読み、新しい知識を習得。天羽さん自身が研究成果を論文にして発表することもある。

Q 仕事をする上で、難しいと感じる部分はどこですか?

実験をくりかえしても、成果がまったく出ないことがあります。研究はそういうものだとわかっていても、なかなかゴールが見つからないと、つらい気持ちになりますね。

そんなときは少しでも前向きになれるように、前回よりよかったところを考えるようにしています。例えば、同じ実験をするなかで、「この作業は昨日、20分かかったのに、今日は15分でできた」といったようなことを見つけるのです。

また、実験がうまくいったときのことを想像してやる気を出すこともあります。新しい感染対策商品の開発につながるような、効果的な結果が得られたら、たくさんの人に喜んでもらえるだろうなと思うことで、もう一度がんばる力がわいてきます。

Q ふだんの生活で気をつけていることはありますか?

自分自身が感染症にかからないようすることです。外から帰ったら、手洗いと消毒をきちんとして、家のなかにウイルスや細菌をもちこまないようにしています。また、調理器具の消毒は毎日行い、清潔に保つことを心がけています。

そのほか、気がつかないうちに、いろいろなところをさわっていることが多いので、手で口や目などをふれないようにも注意しています。外出先で、手を洗えないときは、消毒剤を使うことも多いです。新型コロナウイルスの感染が広がってからは、いっそう注意をはらうようになりましたね。

Q これからどんな仕事をしていきたいですか?

新型コロナウイルスが流行してすぐ、SNSにはさまざまな情報やデマが飛び交い、人々は何が正しいかわからず不安におちいりました。その状況を目の当たりにし、研究者としてあらためて正確な情報をきちんと届けることの大切さを痛感しました。

研究の仕事は、商品化につながる実験をして結果を出せばそれで終わりのように思ってしまいます。しかし、まちがった情報が出回らないようにするには、研究者自身が、正しい情報をきちんと発信していかなければいけません。

発信するという点において、私はまだまだやりきれていないと思っています。研究に力を注ぐのと同様に、研究結果を世間に伝えていくことにも力を入れ、感染症で社会が混乱する事態が起きないようにしていきたいです。

実験結果をもとに、商品開発を行う社員と打ち合わせ。天羽さんから新商品のアイデアを出すこともある。

感染対策商品の研究者になるには……

感染を引き起こすウイルスや細菌についての知識や、実験技術を学ぶことが必要です。大学は、生物学や遺伝子工学などが学べる学部に進み、実験の経験を積みながら知識をたくわえましょう。多くの人は、よりくわしい研究をするために大学院へ進学した後に就職しています。また、大学院を卒業していると、専門的な知識と技術力があるとみなされ、就職に有利な場合も多いです。

高校
↓
大学(理系)
↓
大学院(理系)
↓
感染対策商品をつくる会社に、研究者として就職

Q この仕事をするには どんな力が必要ですか?

新しいことを知ろうとする知識欲や探求心と、最後まであきらめない粘り強さが必要だと思います。

感染症研究の世界では、毎日のように世界中の研究者が研究結果を発表し、情報が一新されています。そのため、つねに勉強しておかなければ、最新の研究はできません。また、ひとつの研究を始めてから結果が出るまでには、何年もかかります。これをいやがらずにこつこつと行う力は、研究者には欠かせません。

実験で思うような結果が得られないと、あきらめたくなることも。しかし、それに負けない忍耐力が研究者には求められる。

天羽さんの夢ルート

- **小学校 ▶ 雑貨屋さんか花屋さん**

何かをつくったり、育てたりするのが好きだった。

▼

- **中学校 ▶ 海外で人助けの仕事**

世界には生活に困っている人がたくさんいることを知り、助けたいと思った。

▼

- **高校 ▶ 健康に関わる仕事**

入院したのをきっかけに、健康に関心をもった。

▼

- **大学・大学院 ▶ 研究の仕事**

農学部に進み、研究をするうちに「研究」そのものが楽しくなっていった。

Q 中学生のとき どんな子どもでしたか?

運動があまり得意ではなかったので、あえてソフトテニス部に入り、体をきたえようと考えました。ソフトテニスを選んだのは、ほかのスポーツよりも楽そうだと思ったからです。ところが実際は、朝の練習、放課後の練習、土日の練習と、厳しいトレーニングが続いて大変でした。でも、一度始めたら、何でも長く続ける性格だったので、やめようとは思いませんでした。そのおかげで、中学3年生の総合体育大会では、団体戦で優勝、個人戦で準優勝することができ、とてもうれしかったです。

勉強は、やったぶんの成果が目に見えるのが好きで、いろいろな科目の検定試験にチャレンジしていました。中学3年生までに、英検※の準2級のほか、実用数学技能検定や歴史能力検定など、さまざまな資格を取得しました。

苦手なことも、がんばって取り組めばできるようになることを、天羽さんはソフトテニス部に入って証明。優勝した大会で使ったラケットとキャップは宝物になっている。

Q 中学のときの職場体験は どこに行きましたか?

中学3年生のときに、友人とふたりで、お寺と温泉旅館の職場体験をしました。体験してみたい場所を2か所選んで、自分たちでお願いするところから始まりました。お寺と温泉旅館を選んだのは、今体験してみなければ、今後も体験することはないだろうと思ったからです。

事前学習で、それぞれの仕事内容を調べ、体験後は、学んだことを模造紙にまとめて、クラスで発表しました。

用語 ※英検 ⇒実用英語技能検定の略。習進度やレベルに応じて7つの級が設定され、語学力の証明として広く認知されている。

職場体験は、未知の世界を知るチャンスと話す天羽さん。「お寺と温泉旅館での体験は、とてもよい経験になりました」

Q この仕事を目指すなら 今、何をすればいいですか？

中学生のうちにしっかり勉強しておくことが大切です。研究の仕事に就いた後も勉強は続くので、中学校で習う基礎をおろそかにすると、知識を積み上げることが難しくなるからです。また、この仕事は、論文を読んで、新しい情報を得る必要があります。論文は基本的に英語で書かれているので、英語に苦手意識をもたないことも大切です。

そのほか、部活を3年間がんばったとか、課題をやりきったなど、何でもよいので最後まで続けることです。ひとつのものをやりとげる経験は、将来研究者になったとき、きっと活きてくるはずです。

Q 職場体験では どんな印象をもちましたか？

お寺では、お坊さんの話を聞いたり、お経を書き写す「写経」をしたりしました。印象的だったのは、お坊さんの法話です。「水にきれいな言葉をかけ続けるときれいな氷の結晶になり、自分が言われたらいやな言葉をかけ続けると、不ぞろいな氷の結晶ができる」という内容でした。これが、科学的に本当なのかはわかりません。でも、この話は私の心にとてもひびき、自分が発する言葉には、より気をつけるようになりました。

温泉旅館では、お風呂場や部屋の掃除をしたり、宴会場で、お客さんに料理を運んだりしました。従業員は、みなさんてきぱきと働いていて、人に見えない部分まで掃除をしているのを見て、おどろきました。その姿に「働いてお金をもらう」ことの大変さを感じたのを覚えています。

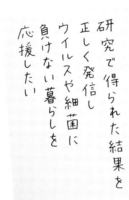

研究で得られた結果を正しく発信しウイルスや細菌に負けない暮らしを応援したい

– 今できること –

ふだんの暮らし

感染対策商品の研究者は、消毒剤や洗浄剤などの商品の効果を調べたり、ウイルスや細菌について調べたりしています。ふだん使っている感染対策商品に書かれた成分表示や使用方法などを読み、どんなものが、どんな効果を発揮するのか、知っておくとよいでしょう。また、研究者にはこつこつと実験を重ねる根気強さも必要です。「休みの期間に問題集を3冊やりきる」「部活の練習を休まない」など、自分のなかで目標を立て、達成に向けて努力する習慣をつけましょう。

数学
実験からわかった結果を読み解くとき、数学的な思考力が必要です。二次方程式や関数の勉強を通し、数量の変化や原因と結果を考える力をきたえましょう。

理科
観察や実験の結果を分析して、理解する力を身につけましょう。また、生物の進化や細胞分裂の仕組み、物質の化合による変化や化学式についても習得しましょう。

保健
自分の体や健康と向き合い、正しい病気の予防方法を学びましょう。また感染症のおもな要因についても学び、適切な対策や医薬品の正しい使用方法を知りましょう。

英語
研究に必要な最新知識を得るには、英語の論文を読む必要があります。読解力を中心に勉強しましょう。

行政保健師

Public Health Nurse

埼玉県朝霞保健所
大沼暢乃さん
入所5年目 27歳

地域に暮らす
感染症患者さんの
体調を把握して
看護体制を考えます

地域で感染症が流行したとき、保健所※では実態の調査や検査、相談窓口の設置など、感染を広げないための取り組みを行います。その中心を担っているのが行政保健師です。埼玉県朝霞保健所で働く、大沼暢乃さんにお話をうかがいました。

用語 ※ 保健所⇒地域の衛生活動を行う公的機関。飲食店など食品をあつかう店舗の営業許可申請や、病院や薬局などの開業許可申請の届け出窓口にもなっている。

Q 行政保健師とは どんな仕事ですか？

　行政保健師は、地域住民の健康を管理するため、病気予防の指導をしたり、健康の相談にのったりする仕事です。都道府県に設置されている保健所や市区町村に設置されている保健センターなどで働いています。

　保健所では、心の相談にのる精神保健担当、妊娠から出産、育児の支援をする母子保健担当、指定難病の患者さんを支援する難病担当など、保健師の担当が分かれています。私は、感染症担当の保健師になります。

　医療機関の医師は、感染症の患者さんを診断すると、法律に基づき保健所に届け出る義務があります。私たちは、届出の内容を確認し、患者さんの体調の変化や行動歴を聞いて、感染の原因を調査します。聞き取りは、患者さんに保健所へ来てもらう場合もあれば、自宅に訪問したり、電話をかけたりする場合もあります。そして、感染症が広がるのを防ぐため、患者さんが接触した人のなかから感染リスクの高い人がいないかどうかを調べ、必要な人には検査の案内をします。新型コロナウイルス感染症など感染症によっては、地域の発生件数などを調べて統計をとり、発生や拡大をおさえるための対策に活用します。国や県などに調べた結果を提出して、対策をとってもらうこともあります。

　また、患者さんの自宅を訪問し、感染症の薬をきちんと飲めていることや、体調などの確認を行います。薬を飲むのを忘れてしまったり、勝手にやめてしまったりすると、薬が効かなくなってしまうからです。

　そのほか、保健所では結核※などの検査も行っています。検査を実施する日は毎月決まっていて、当日は、私たち行政保健師が、問診や採血の会場づくりをし、訪れた人に検査をしています。

保健所には毎日たくさんの人が相談に訪れる。話をよく聞いて、解決法を提示するのも行政保健師の大切な仕事。

Q どんなところが やりがいなのですか？

　患者さんが元気になった姿を見ることができたときに、やりがいを感じます。

　感染症の診断を受けた直後は、患者さんもその家族も不安な気持ちをかかえて過ごしています。私たちはそうした気持ちに寄りそいながら、感染症について正しい知識を伝えます。漠然とした不安を取り除き、安心して治療に向かえるように支援するのです。患者さんやご家族から「話を聞いて安心した」や「がんばって治療にはげみます」といった前向きな言葉を聞けたときは、私もとてもうれしいです。

体調を確認するため患者さんの自宅へ向かう大沼さん。担当する患者さんは30人をこえるため、病院や介護施設などと連携した看護体制をとっている。

大沼さんのある1日

08:30　出勤。メールの確認と、その日の予定を確認する
▼
09:00　感染症検査の会場を準備
▼
09:30　感染症検査の開始
▼
11:00　検査終了。かたづけを行う
▼
12:00　ランチ
▼
13:00　結核患者の自宅を訪問。服薬状況や体調を確認する
▼
15:00　訪問記録を作成
▼
16:00　接触者への検診案内や結果を作成
▼
17:15　次の日の仕事の準備
▼
17:30　退勤

用語　※ 結核⇒「結核菌」という細菌による感染症。せきやたん、微熱などの症状が長く続くのが特徴。

仲間の行政保健師と快方に向かっている患者さんについて、情報を共有。ふたりとも自然と笑顔に。

Q 今までにどんな仕事をしましたか?

私が担当する地域には、高齢者の結核患者さんが多くいます。そのため、老人ホームや介護施設などの高齢者施設の職員を対象にした研修会を企画し、感染予防の方法や、患者さんへの対処方法などを伝えてきました。また、感染者と接触した人の健康診断もよく行っています。

感染拡大を防ぐには、私たち行政保健師が、正しい知識をもっておくことが大切なので、保健師向けの専門研修も用意されています。例えば、新人や新しく感染症担当になった保健師向けに、県が開催する研修会があります。結核の場合は、結核研究所が主催している医療職向けの勉強会が1年に1回開催されます。こうした場所には積極的に参加し、勉強を欠かさないようにしています。

Q 仕事をする上で、大事にしていることは何ですか?

つねに勉強する姿勢を忘れないことです。感染症のなかには、新型コロナウイルス感染症のように、予防法や治療薬が確立されていない未知のウイルスや細菌があります。世界中で日々研究が進められているので、つねに新しい知識を得られるように、情報収集は欠かせません。

例えば、感染症への対応は「感染症法」という法律で定められています。法律が改正されると私たちの仕事内容も変わるため、国から連絡が来ることになっています。しかし、毎日たくさんの量のメールが来るので、大事な連絡を見逃さないように気をつけています。そのほか、医療や健康に関する法律を考える国の機関である厚生労働省のホームページや新聞、ニュースもこまめにチェックしています。

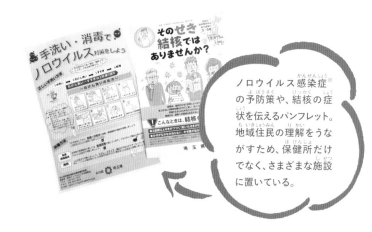

ノロウイルス感染症※の予防策や、結核の症状を伝えるパンフレット。地域住民の理解をうながすため、保健所だけでなく、さまざまな施設に置いている。

Q なぜこの仕事を目指したのですか?

私は、生まれつき病気がちで、小さいころから手術と入院を何度もくりかえしていました。中学生になってからも、体調をくずしてよく保健室の先生にお世話になっていたため、将来は養護教諭になろうと自然に思うようになり、看護系の専門学校に進学しました。

入学後、授業や実習を通して、保健師の仕事に興味をもちました。看護師はすでに病気になってしまった人のお世話をしますが、保健師は予防にもつとめることができるからです。なかでも、はば広く地域住民に関わり、人々を支援する行政保健師の仕事に強くひかれました。そのため、専門学校で看護師免許を取得した後、別の看護系大学に入り直し、保健師になるための勉強をして資格をとりました。

Q 仕事をする上で、難しいと感じる部分はどこですか?

感染症に対する偏見をなくし、正しい知識を伝えることに難しさを感じます。

人から人に感染する感染症の場合、「うつしてしまった」という加害者意識や「うつされた」という被害者意識をもつ人が少なくありません。感染症がきっかけで、職場や学校内での人間関係がくずれてしまうこともあります。

感染症の患者さんがいじめや誹謗中傷の対象になったという話を聞くと、とても悲しい気持ちになります。世界の長い歴史のなかには、感染症の患者が差別されたり、不当なあつかいを受けたりしていた時代もありました。そうした悲しい歴史をくりかえさないためにも、正しい知識を普及することが必要であると感じています。

用語　※ ノロウイルス感染症 ⇒ 乳幼児から高齢者まで、はば広い年齢層に急性胃腸炎を引き起こす感染症。おもな症状に、腹痛、下痢、吐き気、嘔吐などがある。

Q ふだんの生活で気をつけて いることはありますか？

　病気の予防や治療を支える仕事をしているため、自分自身の健康も気づかうように心がけています。具体的には、バランスのよい食事や生活リズムを整えることを意識しています。私は運動があまり得意ではないので、寝る前にストレッチをして体をほぐすようにしています。

　仕事で感染者と対面するときは、専用のマスク、防護服、手袋を身に着けています。そのため、対面中に感染することはまずありません。しかし、防護服を外すときの手順をまちがえてしまうと、自分も感染するおそれがあります。仕事のときはふだん以上に注意をはらい、最後まで気をぬかないように心がけています。

Q これからどんな仕事を していきたいですか？

　住民の健康を守るため、集団検診の実施や健康への意識が高まるような企画を考えていきたいです。

　以前、県庁が主導する企画で、感染症のリスクが高い高齢者施設で、結核の集団検診を実施したことがありました。日頃から私は、集団検診ができれば、もっと効果的に感染を防げるのではないかと思っていたこともあり、とてもよい企画だと感じました。

　こうした企画を実行するにはたくさんの予算が必要です。そのため、保健所を監督する県庁の職員が企画を提案しなければ、実施されることはありません。いつか私も地域全体を動かすような仕事がしたいと思っています。

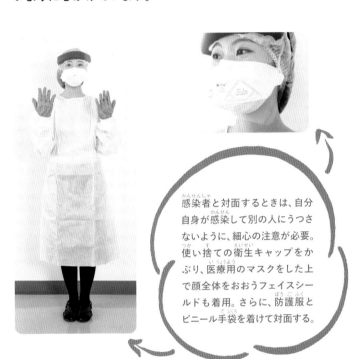

感染者と対面するときは、自分自身が感染して別の人にうつさないように、細心の注意が必要。使い捨ての衛生キャップをかぶり、医療用のマスクをした上で顔全体をおおうフェイスシールドも着用。さらに、防護服とビニール手袋を着けて対面する。

バインダー

PICKUP ITEM

バインダーは、大沼さんの愛用品。医師から送られてきた患者さんの「感染症発生届」などを入れている。発生届は、感染症ごとに決められた用紙があり、症状や感染原因などの情報が書かれている。

「発生届」用紙

行政保健師になるには……

　保健師になるには「看護師免許」と「保健師免許」のふたつの国家資格が必要です。資格を取得するには、卒業と同時にふたつの受験資格を得られる大学や専門学校に進むか、看護師免許を取得した後に保健師養成学校で保健師免許の取得を目指す方法があります。取得後は、各自治体が実施する保健師採用試験に合格することで、行政保健師になることができます。

```
┌─────────────────────────┐
│          高校           │
└─────────────────────────┘
         ↓
┌──────────────┐    ┌──────────────┐
│大学・看護専門学校│ → │保健師養成学校│
└──────────────┘    └──────────────┘
         ↓                  ↓
┌─────────────────────────┐
│看護師国家試験と保健師国家試験に合格│
└─────────────────────────┘
         ↓
┌─────────────────────────┐
│自治体の行政保健師採用試験に合格│
└─────────────────────────┘
```

Q この仕事をするには どんな力が必要ですか？

危機管理能力が必要です。行政保健師は、患者さんから聞き取った情報や検査の結果や手もとにある資料から、今後起こる可能性がある問題を考えて対応します。

例えば、結核の薬とお酒の飲み合わせはとても悪いので、お酒を飲む習慣がある患者さんの場合、体調をくずしてしまう危険があります。また、物事を根気強く続けるのが苦手な性格の人は、薬の服用を中断してしまう可能性があります。ほかには、経済的に余裕がない家庭の患者さんだと、通院が途中で続かなくなるかもしれません。

患者さんの生活習慣や性格、経済面などさまざま情報から予測を立て、先に対応を考えておくことが大切なのです。

大沼さんの夢ルート

小学校 ▶ 病院で働く人

小さいころから病院が身近な存在であったため、漠然と医療関係の仕事に興味をもっていた。

▼

中学校・高校 ▶ 養護教諭

体調をくずすたびに保健室の先生にお世話になることが多く、将来は自分も頼りになる養護教諭になりたいと思った。

▼

専門学校 ▶ 行政保健師

実習をするなかで保健師の仕事を知り、予防活動にたずさわりたいと思うように。とくに地域住民の健康を守る行政保健師に興味をもつ。

▼

大学 ▶ 行政保健師

看護師の資格を取得後、看護系の大学に進学。保健師の資格を取得する。

Q 中学生のとき どんな子どもでしたか？

吹奏楽部に所属し、バリトンサックスを吹いていました。練習は毎日あって、とても大変でした。吹奏楽器は、肺活量も必要なため、演奏以外にも体力強化の練習があり、体の弱かった私には、きつかったです。でも、がんばったおかげで中学3年生の県大会で金賞をとることができました。努力が報われて、本当にうれしかったです。

勉強面では、科目ごとにテストで目標とする点数を決めて、計画的に勉強をしていました。テスト前になると、学校から勉強計画を立て実際の勉強時間を記録する用紙が配られていたので、それも活用していましたね。

中学生のころには、すでに医療関係の仕事に就くことが目標になっていました。でも、医療関係の勉強には必須の理科が、じつは私がいちばん苦手な教科でした。そのため、ほかの科目より時間を割いて勉強していました。目標が定まっていたからこそ、がんばれたのだと思います。

吹奏楽の県大会で金賞をとったときの写真。それまでは銅賞止まりだったため、喜びもひとしおだった。

Q 中学のときの職場体験は どこに行きましたか？

中学3年生のときに、自分が通っていた小学校に5日間、友だち4、5名で行きました。小学校を選んだのは、ほかに興味のある行き先がなかったことと、もう一度、小学校の給食を食べたかったからです。

私が割り振られたのは、小学2年生のクラスでした。先生の仕事を体験するというより、先生の仕事を間近で観察させてもらうような職場体験でした。授業中も、先生が教室をまわって教えていたら、私も何となくまわってみて、ずっとくっついて見ていました。

理科はどんなに勉強しても苦手だったという大沼さん。それでも行政保健師になるために、文系科目で受験できる大学を探して受けた。

Q 職場体験では どんな印象をもちましたか？

算数の時間が印象に残っています。子どもたちが問題を解いているときにクラスをまわっていると、どうしても問題が解けない子どもがいました。小学2年生の問題なので、私には答えがすぐにわかるのですが、どうやって説明したらよいのかわかりませんでした。先生はどうするのだろうと思ってみていると、おはじきやカードを使い、目で見てわかる工夫をして教えていました。そのようすを見ながら、人に教えるということは、自分がわかっているだけではだめで、わかりやすく伝える言葉や技術が必要なのだと思ったのを覚えています。

また、職場体験期間は、授業前から授業後まで、ずっと先生についてまわったため、先生の1日はこんなに大変なのかと思いました。そして、同じ学校でも、先生と生徒ではまったくちがう場所に見えるのだなと感じました。

Q この仕事を目指すなら 今、何をすればいいですか？

行政保健師は、子どもから高齢者まで、あらゆる世代と関わる仕事です。そのため、たくさんの人と話して、さまざまな価値観にふれておくとよいと思います。

そのためには、仲のよい友だちだけでなく、両親や祖父母、親戚の方の話を聞くことから始めてみてください。「小さいときどんな子どもだった？」や「仕事は楽しい？」など、いろいろ聞いてみると、意外な一面を知ることができるかもしれません。そうやって、たくさんの考え方や感情にふれておくことが、行政保健師としての支援の手がかりにつながると思います。

感染症に対する
世間の偏見をなくし
患者さんの不安に寄りそう
行政保健師でありたい

－ 今できること －

ふだんの暮らし

行政保健師の仕事は、医療の知識をもとに、地域の人々の健康を守ることが大きな役割です。そのため、コミュニケーションがとても重要です。友だちや家族の話によく耳をかたむけ、相手の気持ちに寄りそうような会話を心がけてみてください。

また、学校では保健委員会に入り、健康診断の補助や教室の換気管理など、全校生徒の健康を守る活動を経験しておくとよいでしょう。そのほか、生活習慣を見直して自分の健康と向き合うことも大切です。

 国語
病気の予防の呼びかけや、健康のアドバイスをする仕事です。正しい知識を的確に相手に伝える力や、問題の解決に向けて話し合う力を養いましょう。

 数学
感染拡大を防ぐには、資料やデータから、傾向を読み解く力が必要です。表やグラフの見方を覚えましょう。

 理科
生物や化学の知識は、人体のつくりや薬の成分などの理解につながります。基本的な実験器具のあつかい方なども、授業を通して身につけておきましょう。

 保健
感染症について学び、友だちや家族と情報の共有をしましょう。また、健康と生活習慣の関連性を知ると、適切な食事、運動、休養、睡眠の重要性を学べます。

仕事のつながりがわかる

感染症の仕事 関連マップ

ここまで紹介した感染症の仕事が、
それぞれどう関連しているのか、見てみましょう。

情報収集・情報発信

利用者

ニュース配信

情報収集・分析

P.22

アプリニュース編集者

SNSに投稿される最新情報を、ニュースの分析用に学習させたAI（人工知能）を使ってすばやく選別。速報記事や、その内容を独自に分析した記事として、ニュースアプリを使って配信する。都道府県が発表する感染者情報なども、速報と分析の両方の記事で伝えている。

販売　購入　販売　購入

福祉アートプロダクト販売会社

協力企業とともに、福祉アートを活かした商品を製造、販売する。

P.16

福祉アートプロダクトプランナー

アートマスクや感染症予防のアクリル板と絵の組み合わせなど、魅力的な感染予防商品を企画する。商品に合う作家の作品を選び、デザイン、製造を依頼する。

作品提供　作品使用を報告

情報収集・提供

感染症対策商品販売会社

ハンドソープなどの洗浄剤、消毒効果のあるスプレーやジェルなど、感染症対策に使う商品を開発、製造、販売する。

P.28

感染対策商品研究

消毒剤や洗浄剤など、感染症を引き起こす細菌やウイルスに対抗できる商品を開発する。そのために、菌やウイルスを減らすのに効果的な成分と配合を実験で探し、その保存生と安全性を確かめる。菌やウイルスの性質などを調べる「基礎研究」から行う場合もある。

絵画作家

知的障がいがある作家たちが絵画作品を制作。

商品情報の発信

※このページの内容は一例です。会社によって、仕事の分担や、役職名は大きく異なります。

40

インターネット

世界の感染症情報

各国政府、国際機関、研究機関からの情報。ウイルスやワクチンに関する研究や論文、情報など。

SNS

さまざまな個人が発信する情報。Instagram、Twitter、LINEなど。

情報発信

情報収集・情報発信

行政

国・地方自治体

保健所からの感染症患者に関する報告をもとに、都道府県レベル、全国レベルでの感染症を広げない取り組みや医療体制を整えるなどの対策を行う。

連携

保健所

地域で感染症が流行したとき、実態調査や、検査、相談窓口の設置など、感染を広げないための取り組みを行う。

P.34

行政保健師

医療機関からの届け出の内容を確認し、感染の原因を調査。患者が接触した人のなかに感染リスクの高い人がいないかを調べ、必要な人には検査の案内をする。地域の発生件数を調べ、国や県などに結果を提出して、対策をとってもらうこともある。

P.4

感染症研究員

日本で流行する感染症について、予防や治療をするための研究を行う。ウイルスや細菌などに感染すると、人や動物の体にどのような変化や反応が起きるのかを明らかにし、感染症の予防に使われる「ワクチン」の効果や、安全性も調査する。

国が運営

情報収集・情報発信

患者

相談

指導

受診

検査・治療

連携

発生報告

連携

病院

感染症の患者を診療した場合は、保健所に届け出る。保健所や自治体からの依頼で診療や検査を行う。

購入

販売

連携

P.10

PCR検査試薬研究開発

感染症の原因となる、ウイルスや細菌に感染した遺伝子を見つける「PCR検査」に必要な試薬を、研究、開発。新しい試薬は、ウイルスや細菌に正しく反応するかどうか調べる臨床試験を行い、結果が検証できたら厚生労働省に申請、認められると、検査薬として使用できるようになる。

感染症によって変わった世界

▶ 感染症が明らかにしたもの

2019年12月、中国の湖北省武漢で最初の感染者が出た新型コロナウイルス感染症は、その後世界中に広がっていきました。日本でも感染が拡大し、2020年4月、2021年1月には、感染拡大をふせぐための「緊急事態宣言」が出されました。人との接触から感染しないよう、外出をさけて家にいること、仕事はできるだけ会社に出勤せず家で行うこと（リモートワーク）、会議もオンラインで行うことが求められたのです。

これを受け、ICT化に取り組む企業も増えましたが、準備には時間と費用がかかるため、すぐには対応できない企業もありました。また、休業や営業時間の短縮を要請された飲食業、ホテル業、観光業などは大きな打撃を受け、閉店する店や倒産する企業が続出しました。

2020年3月には、全国の小学校から大学まで休校措置がとられ、その後、学校は子どもたちが登校せずに学習するオンライン授業を行う必要にせまられました。私の大学でも、現在ではオンライン授業を行うことができるようになりましたが、当時はまったく準備ができていませんでした。それでも、学生を学校に来させることができないため、必死でインターネットのことを勉強したり、カメラやマイクを買ったりして授業ができるように整えました。

感染者の相談窓口となり指導を行う保健所では職員が足らず、病院では、医師、看護師、医療機器、ベッドなどすべてが不足しました。そのため従事者のひとりひとりにかかる負担が大きくなってしまいました。

先が見えない状況に国や自治体の迅速な支援が求められましたが、ここでもICT化のおくれによって多くの書類や手続きが必要となり時間がかかりました。

このように、新型コロナウイルスの感染拡大によって、日本は多くの痛みを経験することになりました。しかし、そのなかで日本の脆弱な実情が見え、急速にICT化が進んでいったのも事実です。

参考：内閣府・新型インフルエンザ等対策／大幸薬品サイト内「人類を脅かせてきた感染症」／公益財団法人エイズ予防財団「HIV感染症・エイズ UPDATE HIV/AIDS 2019」

世界をおそったおもな感染症の歴史

5世紀	マラリア	東西ローマ帝国を中心に大流行。現在でも世界で年間3～5億人感染、100～200万人が死亡
14世紀	ペスト	ヨーロッパで全人口の4分の1～3分の1にあたる2500万人が死亡といわれる。「黒死病」と呼ばれた
15世紀	天然痘	コロンブスの新大陸上陸によりアメリカ大陸で大流行。50年で人口が8000万人から1000万人に減少
1918年	スペインかぜ	世界で4000万人以上が死亡したと推定されるインフルエンザ。当時の世界の人口は18億人
1935年～	結核	日本で死亡原因首位に。現在世界で20億人が感染、毎年400万人が死亡
1981年	エイズ（後天性免疫不全症候群）	2018年末現在、世界で3790万人が陽性、流行が始まってからおよそ3200万人が死亡
2002年	SARS（重症急性呼吸器症候群）	9か月で患者数8093人、774人が死亡
2009年	新型インフルエンザ（A／H1N1）	世界の214か国・地域で感染を確認、1万8449人が死亡（WHO、2010年8月1日時点の発表）

(見本)

国内での累計感染者数

※ダイヤモンド・プリンセス号乗員・乗客を除く

288521

本日 +5972　昨日 +7789

累計回復者数	累計死亡者数	要入院・療養者数
219894	4046	64581
本日 +501	本日 +25	本日 +5446
昨日 +3014	昨日 +59	昨日 +4716

5000人以上
1000人以上
500人以上
100人以上
1人以上

JX通信社

※感染者数＝PCR検査や抗原検査で陽生となった方(無症状の方も含みます)
データ提供元：FASTALERAT（ファストアラート）新型コロナウイルスリアルタイム情報

JX通信社が公開する「新型コロナウイルス 日本国内の最新感染状況マップ・感染者数」。この本に登場するJX通信社のアプリニュース編集者は、「AIによって多くの情報を収集しているので、より正しい人数が把握できるのです」と語り、情報発信の面からも感染拡大との戦いにはICT化が不可欠であると説いている。

▶ 感染症が生むイノベーション

　全世界共通の課題となった感染症対策に取り組むため、いくつもの技術革新が起こりました。例えば、コンピューターやスマートフォンの世界的メーカー「アップル」と、検索サイトでおなじみの「グーグル」が協力して、感染者の濃厚接触者に対して通知するシステムを開発しました。日本でも、感染の原因となる飛沫がどのように拡散するかを、スーパーコンピューターが計算し、映像化に成功しています。

　また、世界中の感染者のデータはリアルタイムで集計され、WEB上の地図やグラフで見ることができます。この本に出てくるJX通信社でも、AI（人工知能）を使い、感染状況の統計データをつくっています。SNSで個人が発する情報も精査して活用されるため、従来よりふみこんだデータになっているのが特徴です。

　世界各国で、製薬メーカーと国家が手を組み、ワクチンと治療薬の開発に取り組んでいます。たくさんの人が、ひとりでも多く、一秒でも早く命を救うためにたたかっています。この本に出てくる感染症研究員はこう言っています。
「研究は、これまでの研究者たちが積み上げてきた数多くの発見をもとに成り立つものです。時代や国境をこえ、たくさんの研究者たちとのつながりを感じられるのも、この仕事の醍醐味だと思います」

　また、感染症対策商品の研究者はこう言います。
「予防や対策をとらなければ、感染症はすぐに広がってしまいます。苦しむ人を少しでも減らし、感染の拡大をおさえるために、自分の研究があるのだと思うと、大きな責任とやりがいを感じます」

　もちろん、おそろしい感染症が世界に広がるといった事態は、無いにこしたことはありません。しかし、人類には、感染症や大きな災害など、ピンチのときにこそ力を合わせ、そこから脱出し、克服することで、進歩してきた歴史があります。

　感染症から何を学び、この思いがけない災難をどうやって未来につなげるか、この視点が大切なのです。

PROFILE

たまおき たかし
玉置 崇

岐阜聖徳学園大学教育学部教授。
愛知県小牧市の小学校を皮切りに、愛知教育大学附属名古屋中学校や小牧市立小牧中学校管理職、愛知県教育委員会海部教育事務所所長、小牧中学校校長などを経て、2015年4月から現職。数学の授業名人として知られる一方、ICT活用の分野でも手腕を発揮し、小牧市の情報環境を整備するとともに、教育システムの開発にも関わる。
文部科学省「校務におけるICT活用促進事業」事業検討委員会座長をつとめる。

さくいん

あ

アートマスク ……………………… 16、17、19、40

アプリ ………………… 22、23、24、25、27、40

アプリニュース編集者 ……… 22、23、25、40、43

インターン ……………………………………… 18

ウイルス ……………… 4、5、6、7、8、10、11、12、15、
23、24、28、29、30、31、33、36、40、41

英検 ……………………………………………… 32

衛生キャップ …………………………………… 37

AI ………………………………………… 23、40、43

SNS ……………… 23、24、25、31、40、41、43

か

看護師免許 ………………………………… 36、37

感染症研究員 ………………… 4、5、7、41、43

感染症法 ………………………………………… 36

感染対策商品 ……… 28、29、30、31、33、40、43

感染対策商品研究 ……………………… 28、40

行政保健師 ……… 34、35、36、37、38、39、41

結核 ………………………… 35、36、37、38、42

検体 ……………………………………………… 11

抗体 ……………………………………………… 6

抗体検査 ………………………………………… 15

国立感染症研究所 ………………… 4、5、6、8

国連 ……………………………………………… 20

さ

細菌 …………………… 4、5、6、8、10、11、12、15、
28、29、30、31、33、35、36、40、41

細胞 …………………………………………… 5、7、33

シャーレ ………………………………………… 30

試薬 ……………… 10、11、12、13、14、15、41

重症熱性血小板減少症候群 ………………… 6

消毒 …………………13、28、29、30、31、33、40

職場体験 ………………… 9、15、21、27、32、33、38、39

新型コロナウイルス ……… 12、13、23、24、29、31、42、43

新型コロナウイルス感染症 ……………… 6、11、17、18、
22、23、24、35、36、42

診断 ……………………… 11、12、35、36、39

洗浄剤 ………………… 28、29、30、33、40

た

腸管感染症 ……………………………………… 12

手袋 …………………………………………… 12、37

な

ノロウイルス感染症 …………………………… 36

は

発生届 …………………………………………… 37

PCR検査 ……………… 10、11、13、15、41

PCR検査試薬研究開発 …………… 10、11、41

非結核性抗酸菌症 ……………………………… 12

ピペット（マイクロピペット） …………………6、30

病原体 ………………………………………… 5、8、12

フェイクニュース ……………………………… 27

フェイスシールド ……………………………… 37

福祉アートプロダクトプランナー ……… 16、17、19、21、40

防護服 …………………………………………… 37

保健師免許 ……………………………………… 37

保健所 ……………………… 34、35、41、42

や

薬事承認 ………………………………………… 12

予防 ………… 5、9、15、16、29、30、33、35、36、37、38、39、
40、41、42、43

ら

臨床試験 …………………………………… 11、41

わ

ワクチン ……………………… 5、6、9、41、43

【取材協力】

国立感染症研究所　https://www.niid.go.jp/niid/ja/
東洋紡株式会社　https://www.toyobo.co.jp/seihin/dsg/
株式会社ヘラルボニー　https://www.heralbony.jp/
株式会社JX通信社　https://jxpress.net/
サラヤ株式会社　https://www.saraya.com/
埼玉県朝霞保健所
https://www.pref.saitama.lg.jp/soshiki/b0702/index.html

【写真協力】

東洋紡株式会社　p10-15
株式会社JX通信社　p23、p43
サラヤ株式会社　p28-33

【撮影協力】

STARTUP STATION　p16-21

【解説】

玉置 崇（岐阜聖徳学園大学教育学部教授）　p42-43

【装丁・本文デザイン】

アートディレクション／尾原史和（BOOTLEG）
デザイン／加藤 玲・石井恵里菜（BOOTLEG）

【撮影】

平井伸造

【執筆】

小川こころ　p4-9、p16-33
酒井理恵　p10-15、p34-39
酒井かおる　p42-43

【企画・編集】

西塔香絵・渡部のり子（小峰書店）
常松心平・和田全代・熊田和花（オフィス303）

キャリア教育に活きる！

仕事ファイル29
感染症の仕事

2021年4月3日　第1刷発行
2023年3月10日　第2刷発行

編　著　小峰書店編集部
発行者　小峰広一郎
発行所　株式会社小峰書店
　　　　〒162-0066東京都新宿区市谷台町4-15
　　　　TEL 03-3357-3521　FAX 03-3357-1027
　　　　https://www.komineshoten.co.jp/
印　刷　株式会社精興社
製　本　株式会社松岳社

©Komineshoten
2021　Printed in Japan
NDC 366　44p　29×23cm
ISBN978-4-338-34102-8

キャリア教育に活きる！

仕事ファイル

第1期 全7巻

① ITの仕事
システムエンジニア、プログラマー
CGアニメーター、プランナー、WEBデザイナー
サウンドクリエーター

② メディアの仕事
映像クリエーター、YouTubeクリエーター、アナウンサー
広告ディレクター、編集者、グラフィックデザイナー

③ ファッションの仕事
ファッションデザイナー
ファッションイベントプロデューサー
カメラマン、ヘア＆メイクアップアーティスト
プレス、スタイリスト

④ ショップの仕事
雑貨店店長、アパレルショップ店長
百貨店バイヤー、オンラインモール運営
園芸店店長、書店員

⑤ フードの仕事
レシピサービス運営、調理師、菓子開発者
パティシエ、フードコーディネーター、農家

⑥ インターナショナルな仕事
映像翻訳家、留学カウンセラー、商社パーソン
旅行会社営業、日本ユネスコ協会連盟職員、JICA職員

⑦ 新しいキャリア教育ガイドブック

第2期 全6巻

⑧ サイエンスの仕事
気象予報士、データサイエンティスト
JAXA研究者、JAMSTEC研究者、ロボット開発者
科学コミュニケーター

⑨ 学校の仕事
中学校教諭、特別支援学校教諭、保育士
司書教諭、スクールカウンセラー、文房具開発者

⑩ 住まいの仕事
デベロッパー、建築家、大工、家具職人
プロダクトデザイナー、生活雑貨バイヤー

⑪ 動物の仕事
水族園調査係、WWFジャパン職員
盲導犬訓練士、獣医師、動物保護団体職員
動物園飼育係

⑫ メディカルの仕事
歯科医、フライトドクター、心臓血管外科医
オペナース、医薬品研究者、再生医療研究者

⑬ 伝統文化の仕事
着物デザイナー、江戸切子職人、花火ディレクター
あめ細工師、こけし工人、日本酒蔵人

第3期 全7巻

⑭ マネーの仕事
銀行員、証券会社システム開発、造幣局職員
電子マネー企画、公認会計士
ファイナンシャルプランナー

⑮ スポーツの仕事
スポーツアナウンサー、スポーツマーケター
プロ野球球団職員、スポーツトレーナー
スポーツ用品メーカー営業
eスポーツプレーヤー

⑯ 旅行の仕事
客室乗務員、エコツアーガイド
観光タクシードライバー、日本政府観光局職員
ホテリエ、旅行サイト制作

⑰ 海の仕事
海上保安官、漁師
スクーバダイビングインストラクター
航海士、造船技師、水産食品研究者

⑱ 山の仕事
林業作業士、アウトドアメーカー広報
自然保護官、山岳ガイド、山岳救助隊員、火山研究者

⑲ 福祉の仕事
手話通訳士、点字フォント発明家、介護福祉士
理学療法士、義肢装具士、ケースワーカー

⑳ 美容の仕事
美容師、エステティシャン、ネイルアーティスト
ビューティーアドバイザー、化粧品研究者、美容皮膚科医